우리는
자유로워지기
위해
춤춘다

춤을 이해하기 위해 알아야 할 몇 가지

우리는 자유로워지기 위해 춤춘다

제환정 지음

버튼북스

차례

2

춤
작품 속
이야기

3

현대 춤, 혹은
컨템포러리 댄스
이해하기

4

춤,
우리 사회를
비추는 지형도

친절한 AS

본문에 등장한
무용가와 작품들

* 이 책에 실린 2장 〈백조의 호수〉, 〈잠자는 숲속의 미녀〉, 〈로미오와 줄리엣〉, 4장 '살로메 관련 원고'는 《대한무용학회논문집(74권 3호, 74권 6호, 75권 2호)》에 실린 저자의 논문을 토대로 한 것이며, 《한국예술종합학교 신문(2015년 10월~12월)》에 기고한 저자의 원고 내용이 부분적으로 포함되어 있음을 밝힙니다.

무엇이 우리를 춤추게 하는가

'춤'이라는 단어에 '춤예술'이나 '무용 공연'이라는 단어가 붙게 되면 묘하게 사람들을 긴장시킨다. 십여 년 전의 나는 몇 권의 책과 기고를 통해, '춤이라는 게 그리 어려운 것이 아니니, 이 책을 플라시보(위약) 삼아, 일대일로 정면승부해보라'며 문외한 씨들의 등을 떠밀었다. 그러나 십여 년이 지난 지금도 춤과 춤예술, 춤추기와 춤보기의 간극은 여전히 멀다.

춤을 이해하기 위한 문외한 씨들의 순수한 노고는 나에게 많은 가르침을 준다. 그들은 상상력이 풍부하고, 기대에 차 있으며, 무용인들보다 훨씬 관대한 관객이며, 자신의 무지를 수줍어하는 겸손함을 지녔다.

그러나 학생들의 춤에 대한 최초 등정의 기록물인 '감상문'이라는 과제를 통해 비춰보건대, 그들이 대면하는 '무용 예술'이란 상당히 불친절하고 무자비하도록 어렵다. 학생들이 가장 길을 많이 잃어버리는 곳은 일정한 양식이 존재하는 클래식 발레나 전통 무용보다는 현대 무용(이라 불리는 컨템포러리 댄스)을 만날 때다.

'무용작품의 분석 및 이해'라는 과제를 떠안고 극장으로 떠밀린 나의 양들은 종종 극복할 수 없는 난해함과 그로 인해 발생한 절망어린 짜증, 그래도 뭔가 긍정적인 말을 남김으로써 채점하는 선생님의 체면을 살려주고 싶은 갸륵한 예의(혹은 이성을 잃은 선생님의 학점테러 예방) 사이에서 고통을 겪는다.

한 학생은 해석의 난해함으로 인한 분량 부족의 사태를 피하고자, 극장 입구에 심어진 초겨울의 '감나무'의 시적詩的 자태에 대해 무려 한 페이지를 할애하였다. '영롱한 달빛에 비친 하나 남은 감을 품은 감나무'에 대한 성실한 묘사를 읽으면서, 나는 그의 무용 탐방이 얼마나 고되었는지 가늠할 수 있었다. 그가 묘사한 '외로이 까치밥이 되었을 마지막 남은 하나의 감'은 마치 마지막 잎새처럼, 거대한 예술의 담론 앞에 막힌, 자신의 절박함을 노래하는 듯하였다. 그의 작품에 대한 묘사는 세 단락을 넘지 못했다.

불행하게도, 문외한 씨들은 이 감나무 학생처럼 시적 투사를 통한 창의적 방법으로 문제를 극복하지 않는다. 대신, 그들은 겸손을 넘은 자학으로 춤의 감상을 서둘러 마무리한다. 내가 예술에 무지해서, 무용 공연은 처음이어서, 글쓰기에 약해서, 예술에 대해 배워본 적이 없어서, 부족했고, 미안하고, 실패했다고. 더러는 그 의미의 모호함, 느껴지는 양가적 감정에 대해 분노하기도 한다. 분명한 상징도 명료한 메시지도 없는 예술이 왜 필요하냐고.

가장 쓸쓸하게는 설정된 미래의 자신에게 감상의 과제를 넘기는 경우다. 취준생이 끝나면, 시험에 합격하면, 돈을 많이 벌고 나면, 마음의 여유가 생기면, 이 고난도의 예술을 이해할 수 있을 거라고. 그러나 자신을 부정해야만 도달할 수 있는 예술이, 이해하지 못해 부끄럽고 화가 나야 하는 예술이, 대체 무슨 의미인 걸까.

　조심스레 내어놓는 이 한 권의 책은, 춤이라는 예술의 훌륭한 관객이 되기 위한 급행티켓은 결코 아니다. 나는 한 명의 관객으로서 약간의 지식과 약간의 소양과 약간의 상상력을 가지고, 춤에 대한 사람들의 시선이 조금이라도 따뜻해지길 바라며 이 이야기를 늘어놓는다.

　예술은 당대의 시점 속에서 개개인을 드러낸다. 이 책에 등장하는 무용수들은 모두 자신의 방식으로 자신의 삶을 살았고, 그것을 예술로 드러냈다. 아마도 나의 장황한 설명보다 사진 속에 드러난 무용수들의 모습이 '질質은 양量에서 나온다'는 창작의 노동을 더 선명히 이야기할 것이다.

　예술가들이 추구하는 진실은 제각각이다. 그리고 그 제각각의 방식을 제각각의 관점에서 이해하려면 노력도 시간도 실패도 필요하다. 작은 소망을 말하자면, 이 책이 그 다이내믹한 관람의 여정을 응원하는 치어리더였으면 하는 바람이다. 우리가 가장 처절하게 지고 있을 때조차 응원을 멈추지 않는 '리더'가 아니던가.

1

춤,
나를 비추는
셀카인가

더 이상 일상 속에서 '춤'은 낯선 단어가 아니다. 각종 TV 프로그램들을 보다 보면, 누군가를 소개하거나, 흉내내거나, 웃기려고 하거나, 매력을 어필하거나, 신체부위를 강조하거나, 전혀 어울릴 것 같지 않은 상황에도 "춤을 춰보라"고 요구한다. 노래라든가 스피치로 자신을 소개하던 시절도 있었던 것 같은데, 춤이라니. 무용 선생인 나로서는, 이 춤의 홍수 시대를 마냥 반가워하기에는 뭔가 석연치 않다.

우선, 팽창하고 있는 '춤' 혹은 '댄스'의 내용과 정체를 들여다보자. 대개 아이돌의 노래에 맞춰진, 스텝의 반복 재생이거나 신체를 매력적으로 보이게 하는 과시가 대부분이다. 춤(Dance)이라는 것은, 예술 형태이건 아니건, 인간에게 매우 고유한 부분이다. 춤은 인간으로서의 감정, 기분, 개성, 상상은 물론이고, 환경에 대한 반응 혹은 도전, 표현, 과시, 때론 금기에 대한 도전, 재현, 연결, 관계 등 온갖 다이내믹한 요소들이 포함된 복합체다. 그러나 이 정해진 '안무'가 아무리 신나고 수려하여도, 단단하게 음악에 장착된 움직임의 입력과 훈련의 결과물이라면 그 의미는 소소해진다. 고유성과 의미가 증발해버린 밋밋한 춤추기(Dancing)의 반복 재생을 춤으로 인식하는 것은 씁쓸하다. 그 재주가 아무리 신나고 기특하다 할지라도.

춤추기는 어쩌다
복제된 자기소개서가 되었나

　　온라인에 올라온 아는 사람들의 셀카들을 보면 흥미로울 때
가 많다. '과연 이 사람이 내가 아는 그 사람이 맞나?' 하는 생
각부터 '아, 이 사람이 자신을 이렇게 표현하는구나' 하는 생각
까지. 자신을 표현한다는 것은 주로 예술이 하는 방식이었는
데, 비예술이 예술의 방식을 사용하는 지금의 SNS는 개인을 표
현하는 중요한 수단이 되었다.

　　셀카를 찍는 모습은 무대를 준비하는 것과 크게 다르지 않

다. 배경, 주인공이 되는 인물, 소품, 이미지와 내러티브, 연출, 메이크업, 각도, 참여자, 반드시 노출되어야 할 것과 되지 말아야 할 것이 섬세하게 결정된다. 셀카를 위한 현실의 무대화에는 종종 식사예절, 상대방의 굶주림, 초상권, 남의 사진에 찍히고 싶지 않았던 운 없는 사람들, 지나가야 하는 행인 등의 요구는 쉽게 무시된다.

몇해 전 '미즈무즈Mizmooz'라는 신발회사는 신발끝에 휴대폰을 끼워넣어 셀카봉처럼 쓸 수 있는 '셀피슈즈Selfie Shoes'를 소개했다. 다리 길이가 팔 길이보다 길다는 것에 착안해 다리를 들어올려 셀카를 찍을 수 있는 신발이다. 물론, 셀카봉 수준의 효용성을 가지려면 무용수처럼 다리관절이 유연해야 한다는 개인 차와, 비오는 날은 물이 들이찬다는 치명성, 휴대폰꽂이 같은 흉칙한 신발의 몰골을 참아야 하지만, 셀카봉이 공공장소에서 금지되는 추세를 보면 셀카족들에게는 꽤 유용해 보인다. 비록 만우절 기념으로 만든 광고이긴 하지만, 때와 장소를 가리지 않는 셀카 중독자들의 열정을 감안하면, 셀피슈즈가 세상에 나오는 것이 불가능하지 않아 보인다.

셀카는 과연 우리의 정직한 기록물일까? 학자들은 셀카를 '자기 이미지의 마스터베이션' 혹은 '가상의 미니미'라고 꼬집는다. 셀카가 우리의 개성이나 고유성을 드러내기보다는 이미

안무 강경모 〈Combine〉 | 강경모댄스프로젝트

지의 재현, 가공, 선택을 통해 '내가 원하는 나의 이미지'만을 보여주기 때문이다. 테크놀로지의 발전은 해상도의 세밀함으로 적나라한 실체를 잡아내지만 동시에 우리의 재현방식도 그 기술력을 따라잡는다. 얼짱각도, 포토샵, 수백 수천의 촬영을 통한 신중한 선택은 종종 우리의 실체와 다른 나의 초상을 가능하게 한다. 그 신중한 선택의 결과로 셀카 속 이미지들은 '어디선가 많이 본 미남 미녀처럼' 생각된다. 나의 디지털 자화상이 나의 고유성을 드러내는 것이 아니라 다수가 동의하는 아름다움을 지향하는 것이다.

'나의 표현'이라 부르는 오늘날의 '춤추기' 열풍도 셀카와 유사한 궤도를 걷는다. 유치원생 아이부터 각종 대소사 모임에 이르기까지, 오늘날의 인류는 춤추라는 주문에 플레이 버튼을 누른 것처럼 춤춘다. 그러나 튀어나오는 움직임은 나의 정체성이 아니라 타인이 만든 정교한 스텝의 복사와 붙여넣기다. 물론 그 움직임은 표현이나 분출보다는 성실한 입력과 반복훈련의 결과인 경우가 많다. 그렇다 보니 개인에 대한 고유성보다는 얼마나 더 충실하고 매력적으로 원본에 가깝게 재현하느냐가 '춤을 잘 추는가'에 대한 기준이 되어버린다.

이런 현상을 보면, 춤의 내용보다는 춤춰야 하는 맥락이 더

흥미롭게 느껴진다. 과거 아프리카의 어느 부족 중에는 전투 중에 소속을 확인하기 위해 상대에게 춤을 춰보게 한다는 문화가 있었다는데, 우리는 대체 어떤 소속감을 확인하기 위해 '몸치 탈출'을 외치며 상대를 춤추게 만드는 걸까.

그러다 보니 춤을 인간의 고유하고 의미 있는 행위로 만드는 가장 중요한 부분들, 즉 춤추는 이의 자발성이나 고유성, 감정 같은 춤의 인간적인 부분은 찾아보기 어렵다. 대신, 누군가가 정교하게 짜놓은 일련의 움직임을 젊고 활기차게, 주로 성적 매력을 과시하는 방식이 강조된다.

이 현란한 동작들이 재생되는 과정에서 춤추는 이의 감정, 느낌, 기분, 생각 같은 인간의 고유성은 증발한다. 대신, 움직임 재생능력·암기력의 확인, 더 나쁘게는 꿀벅지나 섹시골반, 애플힙 같은 신체의 조각이 춤추는 인간을 삼키듯 대체해버린다. 춤의 내용이 음악의 적절한 해석만은 아닐 테고 춤추는 인간의 매력이 '섹시미'의 전시만은 아닌데, 뭐가 잘못된 걸까.

슬프게도, 이 '복사된 자기소개서'는 종종 무용 전공자에게도 해당된다. 한 무용가의 표현처럼 춤은 '공기 위에 쓰여'진다. 무용을 처음 배울 때는 반복을 통한 습관화가 교육목표가 되어, 마치 외국어를 공부할 때 단어를 외우는 것처럼 무용수도 동작을 암기한다. 여전히 무용교육의 대부분의 시간은, 선생님

안무 신창호 〈Grayingt〉 | LDP 무용단 | 사진 김두영

이 움직임을 주고 학생들이 반복하며 습득하는 '따라하기' 방식으로 가르쳐진다. 그 이름조차 예술과는 맞지 않는 '따라하기'라는 용어는 무용단의 오디션이나 입시에서 여전히 쓰이는 단어다. 얼마나 빨리, 정확하게 주어진 움직임을 외우고 완벽하게 재생하는가에 관한 것이다.

물론 무용수가 주어진 움직임을 빨리 습득하고 소화하는 것은 중요하다. 그러나 반복과 재현의 정확도에 집중하다 보면 예술가는 자신의 고유성을 잃어버리게 된다. 그래서 자신의 관점과 이야기를 해나가야 하는 창작의 시간이 오면 그 경험의 박약은 거대한 함정이 된다. 입력되지 않은 움직임의 명령어 없이, 나 혹은 주제의식이 주체가 되어 움직임을 만들어야 하기 때문이다.

문외한 씨
춤추러 가다

최근 몇 년 사이에 나는 춤을 이해하기 위해서는 앉아서 보는 것보다 직접 춤을 추는 것이 훨씬 효과적이라는 것을 깨달았다. 실제로 춤추기의 열풍은 딴따라와 날라리, 춤바람 같은 부정적 인식을 약화시켜주고, 한 공동체 안에서 소속감, 활기를 주는 협력활동의 역할을 한다. 이러한 춤추기 열풍 덕인지, 사람들은 무용수업을 부담스러워하지 않는다. 교양수업의 강의 평가에는 항상 실기시간을 더 갈구하는 학생들의 성토가

무용학교 리허설 장면 | 사진제공 국립현대무용단 | 사진 손소영

춤, 나를 비추는 셀카인가

가득하다.

사실, 춤(Dance)이라는 것은 매우 복합적인 활동이다. 춤을 출 수도 있고(춤추기), 타인 앞에서 공연할 수도 있고(퍼포먼스), 춤을 감상할 수도 있고(무용감상), 춤을 만들 수도 있고(안무), 춤의 맥락에 대해 토론하고 공부할 수도 있다. 그러나 무용교육에는 여전히 '춤추기'의 방식이 압도적이다.

지난 몇 년간 나는 어린이, 청소년, 대학생, 성인 등 다양한 사람들을 대상으로 움직임을 직접 만들고 공유하고 공연하는 프로그램을 만들어왔다. 따라할 동작이 없는 무용수업은 참여자들에게도 가르치는 이에게도 도전이다. 하지만 춤의 문외한 씨와 몸치를 위한 수업이라는 상냥한 설명 덕분인지 씩씩하게 걸어 들어오는 학생들의 이유는 다양하다. '춤을 배우고 싶어서', 'TV에서 보니 멋져 보여서', '자기표현을 하는 방법을 알고 싶어서', '남 앞에서 춤을 춰보고 싶어서', '나중에 뮤지컬영화를 만들고 싶어서'. 이유도, 사람도, 몸도, 원하는 것도 다양하기에 그들의 고유성은 고스란히 작업에 반영된다.

춤 잘추기가 아니라 '자신'에게 초점을 맞추다 보니, 일상 속에서 움직임을 관찰하고 자기 방식대로 해석해오는 것이 과제다. 훈련되지 않은, 문외한 씨들이 발견하는 움직임의 기발함은 가장 큰 즐거움이다. 가방 안에 꼬인 이어폰이 딸려 나올 때의 움직임, 맥북의 창이 닫힐 때 박스 형태가 빨려들어가는 움직임, 새로 산 고데기가 머리를 말면서 미끄러지는 움직임. 버스에서 본 비닐봉지가 바람에 날리는 움직임.

물론, 이 날것의 움직임이 항상 아름답고 의미심장한 것은 아니다. 그러나 따라하지 않아도 되고 잘하지 않아도 되는 춤은 우리에게 자유를 준다. 스스로의 영광이나 체면으로부터의 자유, 매력의 과시로부터의 자유, 난해한 교본과 칭찬으로부터의 자유, 보는 이의 애호나 비위를 맞추지 않아도 되는 자유다. 스스로를 정당화할 필요가 없다는 것만으로도 예술의 진솔함에 한 발짝 가까이 다가간다.

도전의 패기는 마지막 쇼케이스라 부르는 발표와 공유의 과정에서도 빛을 발한다. 상자무대에 산다고 알려진 '준영귀신'의 소재를 춤으로 만들고, 세월호사건 후에도 재빠르게 돌아간 우리의 무서운 일상회복능력을 추락하는 비행기에 빗대어 말하기도 한다.

멋지지 않아도 되는 춤은 우리의 신체에도 자유를 준다. 발목 수술을 받아 부목한 다리로 바퀴 달린 의자를 타고 요정을 연기하고, 청력에 제한이 있는 한 학생은 들리는 음악에 춤을 맞추는 대신, 자신 안의 속도로 움직임을 연주한다. 이들의 움

직임 도전에서 내가 배우는 것은, 인간이 지닌 각각의 고유성
이 매우 아름답고 무척이나 다양하다는 거다. 춤이 지닌 건전
성의 회복이, 춤이 지닌 가장 소중한 의미의 발견이 되는 것을
확인하는 순간이기도 하다.

춤추는
몸

요즘 어린 무용수들을 보고 있으면 뭔가 나와는 다른 종류의 인류, 혹은 종種을 보는 느낌이다. 나 역시 20대를 돌아보면, 유전이 가져다준 뾰족한 턱과(요즘은 V라인이라는 교양 있는 용어가 있지만, 나의 형제들은 '메뚜기'라 불렀던) 적당한 호리호리함 정도로도 "호호호, 참, 무용하게 생기셨네요"라는 요상한 인사를 받을 수 있었다.

그러나 요즈음 무용 전공자들을 보면, 무용수의 신체적 요

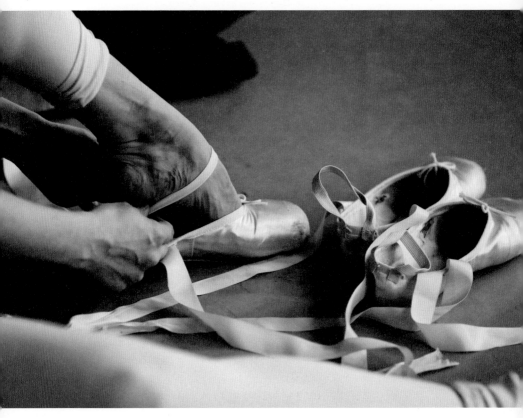

사진제공 유니버설발레단 | 사진 김경진

건에 대한 기준이 재정립된 느낌이다. 기다란 다리와 팔이 길게 뻗어난 골격, 꼿꼿하게 세워진 척추, 셀카로 축소해놓은 듯한 작은 얼굴, 국민 평균 신장을 10cm 이상 상회하는 늘씬한 키까지. 요즘 무용수들의 체형은 무용이 지향하는 아름다움이 어떤 것인가를 곰곰이 생각하게 된다. 예전에는 발레 같은 서구무용에 적용되는 이 기준이, 이제는 한국 전통 무용 전공자까지도 전이되었다. 흔히 영양상태가 좋아 한국인의 체형이 서구화되었다고들 하나, 지난 10년 사이에 대한민국 여성들의 평균키가 0.9cm 자란 것에 비하면, 무용수들의 평균 신장은 보다 급속도로 자라고 있다.

요즘 무용수들의 급속도의 성장은 슬프게도 무용수들이 우유를 좋아한다거나 키 큰 부모를 두었다거나, 혹은 영양상태로 인한 전반적인 변화 같은 이유가 아니다. 무용수들의 몸에 대해 이야기하려면, 무용수들과 무용교사들이 어떤 몸을 원하는가, 그리고 무용수의 몸이 어떤 방식으로 드러나는가를 생각해봐야 한다.

발레교사 친구에 따르면, 무용 인구가 늘어난 만큼 경쟁은 더 치열해지고, 특히 다이어트나 체형에 대한 엄격한 요구는 어린 무용수도 피해갈 수가 없다고 한다. "성장기의 지나친 다이어트가 키와 영양에 치명적일 텐데" 하는 지당한 질문에, "알아

서 커야 해"라는 슬픈 대답이 돌아왔다.

춤은 장르에 따라 차이는 있지만 상당수의 콩쿠르나 입시, 무용단 혹은 단체 오디션에서 여전히 무용수의 체형은 중요한 이슈가 된다. 체격 점수가 버젓이 존재하는 일부의 콩쿠르, 수상경력 옆에 키와 체중을 요구하는 교육기관들, 요구하는 키를 응시기준에 적거나, 심지어 무용수의 키와 몸무게를 현장에서 측정하는 오디션도 존재하는 것이 현실이다. 비록 무용수의 자기관리는 중요한 문제지만 신체적 요건들은 인간의 노력으로 조절할 수 없는 경우가 대부분이다. 이를 평가하는 것은 옳은 일일까? 무용수의 몸을 재능의 한 부분으로 봐야 하는 걸까?

이러한 이유 때문인지, 어린 시절부터 무수한 무용수들을 만났지만, 나는 자신의 몸에 대해서 100% 만족하는 무용수를 만난 적이 없다. '팔이 짧아서, 머리가 커서, 새가슴(흉골이 선천적으로 돌출된 상태)이라서, 다리가 짧아서, 다리는 긴데 허리가 짧아서, 발목이 두꺼워서, 발가락이 길어서, 키가 작아서, 혹은 키가 너무 커서' 그들은 자신의 몸이 아름답다고 생각하지 않는다. 제3자의 입장에서 볼 때, 요정이나 님프 같은 비현실적 캐릭터를 소화하기에 적당한(혹은 이미 현실 세계에서 그런 이미지를 연출 중인) 아름다운 신체의 소유자도 자기 신체에서 흠을 찾는다. '저는 무용수로 적합한 몸이 아니에요'라는, 최정상

사진제공 유니버설발레단 | 사진 김경진

의 발레리나로 사랑받으며 무수한 화보와 미디어에서 아름다운 여성의 이미지로 살아온 한 무용수의 고백은 아마도 진심일 거다.

물론, 예술가처럼 예민하고 까다로운 사람들이 자신에 대해서 만족하기란 쉬운 일이 아니다. 또 만족하지 않더라도 스스로를 사랑하지 않는 것도 아니다. 하지만 무용수들은 왜 자신의 몸에 대해서 이토록 비판적인 관점을 유지하는 것일까. 춤추는 것은 자유로운 것이라는데, 춤추는 몸은 이렇게 자유롭지 않고 상상 속 이상화된 기준들에 의해 재단받아야 하는가.

영국 무용단 DV8의 안무자 로이드 뉴슨은 '많은 무용작품이 젊음과 아름다움, 날씬한 몸에 대한 것만 이야기한다'고 했다. 무용 공연에는 예쁘고 신체적으로 유능한 사람들이 가득하다. 젊고 아름답고 완벽한 몸의 퍼레이드. 그는 이런 외모의 집중에 대해 '마치 미인대회 같다'고 꼬집는다.

'춤추는 젊고 날씬하고 아름다운 몸'의 이미지는 이제 무용계 안에만 존재하는 것은 아니다. 연습생 100만 명 시대, 춤추는 아이돌이 어린이들의 압도적 롤모델로 존재하는 요즘, 다이어트는 전국민의 새해 소망 1순위가 되었다. 뉴스와 방송에는 춤추는 '예쁘고 섹시한 소년 소녀'의 신체 이미지와 그에 대한 낱낱한 정보가 여과없이 폭주한다.

다이어트, 꿀벅지, 몸매 관리, 성형, 주사, 대한민국의 수많은 소녀들의 이상적인 몸은 테니스스커트와 반바지를 입고 역동적인 춤을 추는 '파워청순'한 걸그룹의 몸이다. 소녀시대의 식단, 164cm 이하는 35kg이라는 소속사들의 가이드라인, 치킨 먹는 것을 제지당했다는 연습생 시절 일화들, 가녀린 소녀들의 모습은 한국 여성들이 고통스럽게 추구해야 하는 '사랑받기 위한' 몸의 이데아가 되어가고 있다.

춤, 나를 비추는 셀카인가

아름다움의 평준화
: 복사 & 붙여넣기

춤은 몸과 뗄 수 없는 관계다. 동서양을 막론하고, 춤의 도구이자 주체가 '몸'이라는 사실은 춤의 가치를 부여받는 데 있어 약점에 가까웠다. 몸은 비합리적이라는 생각, 그리고 감정이나 무분별한 열정으로 인식되었다. 춤도 마찬가지로 여겨졌다. 20세기에 와서야 몸은 도구나 정신의 반대되는 짝이 아니라 창조적 자기표현이 일어나는 장소로 바뀌었다. 그러나 몸이 기능이나 외형에 의해 구분되고 차별받는 것은 여전하다.

300년 이상 움직임의 원리를 유지해온 클래식 발레의 경우나 군무의 역할이 중요한 무용 단체들을 보면, 신체의 비율이나 유연성, 해부학적 골격이 무용수나 학생을 뽑는 절대적 가치였다. 특히 기하학적 대형을 강조하는 패턴은 춤이 제시하는 인간의 몸이 자유롭거나 자연스럽다기보다는 이상화되고 복제되어 있다는 느낌을 받기 쉽다. 몸의 개별성, 개인이 구별되는 몸 대신 이상화된 몸, 유사한 몸의 이미지는 실제로 발레작품에서 쉽게 발견할수 있다.

가장 오래된 발레 중 하나인 1832년 작 〈라 실피드〉에는 흥미로운 장면이 있다. 남자 주인공인 제임스는 자신의 결혼식(혹은 약혼식) 날, 다른 여자와 사랑에 빠진다. 그에게는 이미 헌신적인 약혼녀가 있지만, 그는 사랑스럽고 장난기 넘치는 공기의 요정 실피드에게 반해 약혼녀를 버리고 그녀를 숲속으로 쫓아간다. 실피드는 제임스를 피해 몸을 숨기는데, 이는 맥락상 공포의 도주가 아니라 '오빠, 나 잡아봐요'의 전형적 밀당 패턴에 가깝다. 요정의 날개를 이용해 부양하거나 지형지물을 이용해 나무나 바위 뒤로 숨는 대신, 그녀는 자신과 똑같이 생긴 요정들 사이로 숨어버린다.

대표적인 발레인 〈백조의 호수〉에서도 마찬가지다. 이 멜로

사진제공 유니버설발레단 | 사진 김경진

드라마의 비극은, 악마가 어여쁜 공주님을 새로 만들었다는 저 주보다도 백조에게 영원한 사랑을 맹세한 왕자가 정반대의 모습(의상, 자태, 태도 등)과 매력을 지닌 흑조에게 청혼함으로써 발생한다. 백조 역할의 무용수가 흑조 역할까지 연기함으로써 한 무용수가 정반대의 캐릭터를 구사한다. 이 부분이 왕자의 수상한 혼란에 일종의 정당성을 부여하는지는 모르겠지만, 이를 영화 〈블랙 스완〉은 악과 선을 오가는 주인공의 양면성과 반反자기(Anti-self)로 해석하여 흥미를 끌기도 하였다.

백조들은 왕궁의 아가씨들보다 훨씬 더 획일적인 몸과 몸의 사용 방식을 보여준다. 하얀 튜튜와 창백한 피부 빛, 무표정에 가까운 얼굴 표현, 자로 잰 듯 펼쳐진 대형, 숨을 멈춘 듯 호흡을 들어올린 장시간의 포즈는 마치 지구를 들고 있는 것처럼 비현실적인 아름다움을 보여준다. 32명의 군무진이 오차 없이 실행하는 동일한 움직임과 라인은 백조라는 비인간적 캐릭터를 더욱 실감나게 만든다. 네 마리의 백조들이 춤추는 디벨티스망divertissement(기분전환이라는 뜻에서 온 단어로 극의 내용과 상관없는 기교적이고 장식적인 춤)에서 네 명의 무용수들은 아예 손을 교차로 잡고, 다리와 목의 정확하고 동시적인 움직임만으로 박수를 받는다. 아이러니하게도 이런 규칙성은 야생의 백조들에게서는 발견되기 어려운 특징이긴 하지만 말이다.

한국에서 인기를 끌었던 매튜 본Mathew Bourne의 〈백조의 호수〉는 남성 백조가 등장하는 것으로 유명하다. 그는 알프레드 히치콕 감독의 영화 〈새〉에서 모티브를 얻었다. 백조들은 우아하고 미화된 백조가 아니라, 공격적이고 자신의 욕구에 충실하며 푸드덕거리는 야생의 캐릭터를 구현했다. 그는 히치콕 감독의 복합적인 캐릭터 구조와 서스펜스, 인물의 이면에 대한 단계적인 노출 같은 테크닉도 사용한다.

초기에는 남자 백조와 왕자라는 설정으로 '게이들의 호수'라는 비판도 있었지만, 이 발레는 전 세계에서 사랑받으며 〈백조의 호수〉의 강력한 재해석으로 꼽힌다. 가족의 경멸 섞인 무관심, 나의 실패를 노리는 주위 사람들, 자신의 자리를 찾을 수 없었던 왕자의 소외감과 혼란은 캐릭터에 개연성을 불어넣는다. 덕분에 〈백조의 호수〉는 단순한 마법의 이야기에서 정체성, 심리적 갈등, 판타지가 충돌하는 '시공간을 초월하는 이야기'로 재탄생할 수 있었다.

이상화에 박제되지 않은
자유로운 몸

무용수의 잘 균형 잡힌 신체는 정확한 움직임으로 아름답게 보여진다. 춤이 시각적 예술인 만큼, 특히 그 사회에서 인식되는 '아름답다'는 기준에 맞으면 관객의 시선을 더 끌기도 한다. 클래식 발레처럼 움직임의 원리가 과학적으로 정해진 장르는 신체의 비율이나 길이가 중요한 요소다. 무용수의 체격 조건이 발레학교나 무용단의 오디션에서 중요한 조건이 되기도 한다.

이 미美적인 기준은 계속 변화한다. 100여 년 전, 프티파의

〈백조의 호수〉 주역을 한 이탈리아 출신의 발레리나 피에리나 레냐니의 모습을 보면, 오늘날의 기준으로는 상당히 풍만하고 성숙하다. 클래식 발레의 여성 주역들은 대개 만 16세로 설정되는데, 수명이 지금보다 짧을 시대였으니 당시 기준으로는 막 성년이 되어 적당한 결혼 상대를 찾는 처녀에 해당한다. 레냐니의 모습은 실제 소녀라기보다는 성숙한 여성으로 보인다. 하지만 불과 몇십 년 뒤, 뉴욕시티발레단의 주역 수잔 페럴의 모습을 보면, 9등신의 늘씬한 몸매를 지닌 여성보다는 소녀에 가까운 모습이다.

20세기 이후 무용수들의 신체는 더 슬림해졌고 젊은 여성에서 '어린 여성'의 이미지로 변화했다. 최근의 발레리나의 이미지는 여전히 마르고 늘씬하지만 신체 활동을 즐기는 여성 이미지의 변화에 따라 연약한 소녀 타입에서 근육질의 건강한 이미지의 무용수들이 더 많다.

20세기 발레계의 모차르트라 불리었던 조지 발란신George Balanchine은 '여성의 신체는 그 자체가 진실한 아름다움을 전달한다'고 믿었다. 러시아에서 미국으로 건너온 그는 1935년, 뉴욕시티발레단의 창단에 기여했고 35년간 뉴욕시티발레단의 예술감독으로 일했다. 발레에서 신파적 감성을 없애고 뛰어난 음악성을 바탕으로 세련미 넘치는 네오클래식 발레를 서구에 남겼지만, 그가 원하는 발레 무용수에 대한 이미지는 한결같았다. 그는 17세에 16세의 발레리나와 결혼한 이후, 세 번 더 결혼했는데, 그와 사랑한 여성들 모두는 발레리나였다. 그는 소녀 같고 요정 같고 영원히 늙지 않을 것 같은 이미지를 좋아했다. 발레리나들은 그의 다이어트에 대한 종용으로 거식증에 걸리기도 했고, 성형수술을 하거나 심지어 마약에 손대는 일까지 있었다고 한다. 다만, 인종에 대해서는 제한을 두지 않아 체격 요건만 맞는다면 흑인 무용수들을 고용하기도 했다.

발레 무용수의 날씬한 몸에 대한 요구와 기대는 가혹하고 역사가 깊다. 18세기의 한 발레리나는 잦은 임신과 체중 조절의 실패로 해고되었다. 그녀의 라이벌이었던 발레리나는 '우아한 해골'이라 불릴 정도로 날씬했다고 한다. 200년이 지난 후에도 비슷한 일은 일어났다. 2003년, 러시아 볼쇼이발레단의 아나스타샤 볼로츠코바는 '체중이 너무 무거워 남자 동료가 들어올릴 수 없다'는 이유로 해고당했다. 그녀는 볼쇼이발레단을 상대로 소송했고 법원은 아나스타샤 볼로츠코바의 손을 들어주었다.

2010년 《뉴욕 타임즈》의 무용평론가 라스테어 맥컬리는 뉴욕시티발레단의 〈호두까기 인형〉에서 사탕요정 역할을 맡은 무용수에게 "그녀는 설탕과자를 너무 많이 먹은 것처럼 보였

다"고 언급했다. 이 사건은 전국적으로 뉴스에 보도되며 '무용수의 몸에 대한 비평이 정당한가' 하는 논란까지 야기시켰다. 이 평론가는 '남성 무용수의 몸에 대한 언급에 대해서는 독자들이 관대하지만 여성 무용수의 몸에 대한 언급에는 분노한다'며 양성에 대한 이중잣대를 꼬집었다.

무용수의 이상적인 신체에 대한 강조는 모던 댄스와 포스트모던 댄스를 거치면서 더 많은 비판을 받았다. 20세기 초 이사도라 던컨은 발레를 반대하였고, 안나 파블로바의 집에 놀러가 그녀가 새 모이처럼 먹는 것을 보고 충격을 받았다. 그녀는 자신이 "발레를 하지 않은 것에 대해 신神께 감사하며, 발레는 건강한 미국 여성의 몸에 맞는 춤이 아니다"고 선언했다.

이러한 몸에 대한 규격화는 포스트모던 댄스에 이르러 정면으로 반박당한다. 포스트모던 예술가들은 "당신이 걸을 수 있다면 춤출 수 있다"고 말한다. 현대 무용가 마크 모리스는 가냘픈 발레리나를 '죽은 처녀의 모습'이라고 비꼬았다. "나는 큰 몸집, 큰 엉덩이도 상관없다. 그게 무슨 문제인가?"라고 언급했다. 그는 무용수들을 캐스팅할 때, 어딘가 그 역할에 완벽하게 맞아 보이는 사람 대신 어딘가 부족하고 어색해 보이는 사람을 캐스팅한다. 무용수로서 다양한 면을 발견할 수 있을 뿐만 아니라 의외성이 더 신선한 캐릭터를 만들 수 있기 때문이라고

무용수 노화연 | 사진 손소영

그는 믿었다.

그의 캐스팅은 캐릭터의 성별에 대해서도 자유롭다. 그는 전통적으로 여성 군무인 〈호두까기 인형〉의 눈송이 왈츠나 꽃의 왈츠에 남녀 모두를 출연시킨다. 이런 성 역할의 도치에 대해 그는 "왜 자연이 꼭 여성이어야 하는가? 내게 있어 자연은 여성적이기도 하고 남성적이기도 하다"고 반문한다. 마크 모리스가 프로코피예프의 원래 작곡을 복원해 해피엔딩으로 만든 그의 〈로미오와 줄리엣〉에서는 다혈질의 젊은 남성 캐릭터인 티볼트와 머큐쇼의 역할은 모두 여성 무용수가 맡았다.

영국의 안무자 로이드 뉴슨은 1996년 'DV8 Physical Theatre'라는 무용 단체를 시작한 이래 에이즈, 살인, 동성애, 장애, 노인, 무슬림 등 사회적이고 정치적인 이슈들을 춤으로 다루어왔다. 그는 심리치료사 출신이다. 그는 아름답고 멋진 몸의 전시展示가 아니라 인간의 다양한 심리적, 사회적 상태에 관심을 쏟는다. 그는 설명한다. "내겐 완벽한 아라베스크(한쪽 다리를 들고 서는 발레의 아름다운 기본동작)보다 자신의 삶을 표현해내는 것이 훨씬 아름답게 느껴진다. 무엇인가를 아름답고 감동적으로 만드는 것은 그 의미와 상황이다".

2003년 발표한 〈The Cost of Living〉에는 아예 다리가 없는 데이비드 툴이라는 무용수가 등장한다. 그는 친구인 에디와 함께 바닷가 리조트의 피에로 공연자로 일한다. 이 영상화된 무용작품은 경제적, 사회적, 신체적으로 사회 변두리 약자들의 이야기를 신파 없이 세밀하고 정교하게 그려낸다.

이 작품에서 데이비드 툴은 압도적인 연기와 춤을 통해 자신의 독특성을 보여주며, 사회적으로 '장애'라 불리는 다리의 결핍을 자신의 개인적 신체 특성으로 전환시킨다. 그는 발레 클래스에 들어가 무용수들의 다리 사이로 지나가면서, 자신의 결핍을 숨기는 대신 전면에 드러낸다. 다리의 부재라는 신체적 특수성이 가져오는 장점들, 즉 빠른 속도, 이동의 간편함, 상대적으로 강조되는 팔의 움직임으로 춤춘다. 에디와 바닷가를 산책하는 마지막 장면에서, 에디는 상체를 엎드려 허리 위에 상반신만 있는 데이비드를 올려준다. 데이비드가 친구의 다리를 '빌려' 바닷가를 걸어가는 장면은 춤추지 않아도, 완벽하지 않은 몸이어도, 춤의 아름다움을 느끼게 한다.

이 작품은 이상화된 몸을 이상적으로 여기는 우리에게 '무용수에게 몸이란 무엇인가?'라는 날카로운 질문을 던진다. 오늘날의 춤이 드러내는 인간 신체의 아름다움이란 고정된 것이 아니라 생성하고 재발견되는 것에 더 가깝다. 춤은 몸에 대한 사회적 관심, 관습, 금기, 제한 등을 반영하기도 하고, 때로는 불평등한 몸의 권력관계를 비판하거나 도전하기도 하며, 때로는 묵묵히 동의하고, 아름다운 포장으로 강화하기도 한다.

분명한 것은 춤추는 몸이 자유로우려면, 그 자유는 막연히 주어지는 것은 아니라는 것이다. 새로움에 도전하고 과거를 반성하고 스스로의 고유성을 찾으며 아름다움의 자율성을 회복할 때 가능하다. 다른 모든 '자유'의 개념처럼 말이다.

거절된 인종
: 하얀 튜튜의 검은 백조

2015년 여름, 미국의 대표적 발레단인 아메리칸발레시어터 (ABT)에서 미스티 코플랜드Misty Copeland가 흑인 여성 최초로 수석무용수가 되었다는 사실은 국제적인 뉴스가 되었다. 75년 역사의 발레단, 그것도 흑인 대통령이 집권하던 미국에서 흑인 여성이 단 한번도 수석무용수 자리에 오른 적이 없었다는 것은 놀랍다.

춤과 인종의 문제는 단순하지가 않다. 흑인 무용수가 추는 백조를 본 기억이 있는가? 흑인 무용수가 춤추는 줄리엣이나 신데렐라는? 혹은 하얀 튜튜를 날리며 춤추는 공기의 요정들이 제각각의 피부색을 드러내는 것에 익숙한가. 서구의 발레단에는 극소수의 흑인 무용수가 있지만, 대개는 군무진에 머무르는 경우가 많다. 여성 지원자가 남성보다 더 많은 발레계지만, 흑인 여성 무용수는 흑인 남성 무용수보다 더 드물다. 미국에서 공연한 최초의 흑인 남성 주역은 1973년 〈로미오와 줄리엣〉에서 로미오 역을 맡은 크리스토퍼 보라이트였으나, 그는 독일의 슈투트가르트발레단 출신이었다.

20세기에 들어서도 미국 내 흑인들은 사회적으로 엄청난 차별을 받았다. 유색 인종의 차별이 당연시되었던 인종분리정책은 1960년대까지 계속되었고, 차별은 예술계에서도 마찬가지였다. 20세기 초, 뉴욕의 뮤직홀에는 흑인들의 노래와 춤이 인기를 끌었지만 백인들의 극장에는 흑인들이 관객으로 입장할 수 없었으며, 어떤 극장에는 흑인은 혼자 무대에 설 수 없다는 규정이 있기도 했다. 흑인은 백인의 절반 가치밖에 되지 않으므로 적어도 두 명 이상이 공연해야 한다는 생각에서다.

뉴욕시티발레단(NYCB)에는 일찍이 1956년에 아서 미첼Arthur Mitchell이라는 흑인 무용수가 존재했다. 1934년 생인 그는 뉴욕의 할렘 출신이다. 어린 시절 아버지가 많은 빚을 남기고 감옥에 가자 가족을 부양하기 위해 구두닦이, 신문배달, 청소 일을 하였으며, 10대 시절에는 동네 갱스터들과 나쁜 일에 연루되기도 했다. 카운슬러의 격려로 예술고등학교에 진학하여 발레에 재능을 보이기 시작했고, 1955년 흑인으로서는 두 번째로 발레단에 입단해 단 1년 만에 주역으로 승격되었다. 예술감독이었던 조지 발란신은 그를 발탁했고 그를 위한 2인무를 안무했다. 하지만 1965년이 될 때까지 미첼의 공연은 TV에서 방송되지 못했다. 광고주들과 방송국들이 흑인 남성 무용수와 백인 여성 무용수의 2인무 방영을 거절했기 때문이다. 마틴 루터 킹의 죽음 이후, 미첼은 NYCB를 떠나 고향인 할렘가로 돌아온다. 그는 한 교회의 지하실에서 30여 명의 어린이들을 데리고 이 지역 아이들을 위한 발레교실을 열었다. 몇 년 후, 미첼은 흑인 무용수들이 주축이 된 전문무용단 할렘무용단(Dance Theater of Harlem)을 창단했다.

여성 흑인 무용수의 경우, 1950년대 발레 뤼스 드 몬테카를로에서 활동한 레이븐 윌킨슨은 솔리스트까지 진급했다. 하지만 미국 남부 지역으로 투어를 가면 몸에 하얀색 분을 바르도록 강요받았고 심지어 KKK단의 끊임없는 살해 협박에 시달렸다고 한다. 1990년대까지도 흑인 무용수들이 공주나 요정 역할을 맡으면 백인이 해야 할 역할을 했다는 이유로 위협을 받

발레의 상징적 이미지인 하얀 튜튜를 입은 무용수들
사진제공 유니버설발레단 | 사진 김경진

왔다.

클래식 발레의 여성 캐릭터 대부분은 유럽 배경의 왕족이나 요정이다. 캐릭터의 나이는 대부분 16세 안팎으로, 그녀들의 외모는 마르고 단단하고 천사나 요정처럼 순수하다. 가늘고 긴 목, 작은 두상, 길고 가는 팔과 다리에 반해 가슴과 둔부의 발달은 최소한이다. 발레가 탄생한 이후 무용수는 백인 여성이 주류였다. 무용수가 아시안이거나 히스패닉계라 할지라도 발레가 지향하는 신체 이미지는 10대의 백인 여성에 가깝다. 서른두 살의 나이에 주역으로 승급한 미스티 코플랜드는 "내 자신을 의심하고 발레를 그만두려고 한 적이 여러번 있었다. 왜냐하면 흑인 여성 발레리나에게 미래가 있을지 확신이 없었기 때문이다"라고 회고했다.

발레가 지향하는 천상의 이미지는 로맨틱 발레에서부터 시작된 하얀색 튜튜(얇고 나풀거리는 천을 여러 겹으로 겹쳐 만든 의상)가 상징하듯, 눈부시게 하얀색이다. 낭만 발레는 하얀 옷을 입은 여자 군무 장면이 인상적이라 발레블랑Ballet Blanc(백색 발레)이라는 단어가 등장했을 정도다. 문제는 의상뿐 아니라, 신체 역시 '흰색'을 지향한다는 것이다. 발레 무용수들은 무대에 오르기 전, 의상 밖으로 드러나는 거의 모든 신체 부위 - 팔, 어깨, 등 - 에 하얀 파우더를 바른다. 물론 피부톤을 균일하게 하려는 목적도 있지만 보통은 가장 밝은 톤의 색상을 사용한다. 핑크색의 토슈즈에 맞춰 밝은 살색의 타이즈를 입는다.

코플랜드는 발레 무용수로는 비교적 늦은 나이인 열세 살에 방과후 프로그램에서 처음 발레를 시작하였다. 미국처럼 인종과 경제력, 계급의 문제가 복잡하게 얽혀 있는 나라에서 코플랜드의 이야기는 단순한 개인의 역경이나 성공담 이상을 의미한다. 미국의 백인 중산층 가정의 소녀들은 5~6세가 되면 발레를 교양교육의 하나로 접하는 경우가 많다. 재능을 보이는 아이들은 7~8세가 되면 발레아카데미에서 전문적인 지도를 받는다. 코플랜드는 싱글맘인 어머니와 네 명의 형제들 사이에서 성장했고 경제적으로 풍족하지도, 안정적이지도 못했다. 어린 코플랜드는 어머니가 네 번 결혼하는 동안 주州를 옮겨다니며 새로운 도시를 전전했다.

13세에 발레를 시작해 뛰어난 재능을 보였으나, 15세에는 어머니와 선생님 사이에서 양육권 소송을 겪어야 했다. 발레를 그만두어야 할까봐 두려웠던 코플랜드는 가출을 감행하고 선생님의 도움으로 어머니의 친권해제소송을 신청하기까지 한다. 이듬해 소송은 취하되고 집으로 다시 돌아와 ABT 출신의 선

안무 지리 킬리안 〈Petite Mort 〉 | 무용수 한상이, 마 밍
사진제공 유니버설발레단 | 사진 김경진

생님에게 발레를 계속할 수 있었다. 그 후 뉴욕에 와서 ABT에서 워크숍을 하며 ABT에서 월급과 숙소, 학교까지 보장받는 기회가 생겼지만, 고등학교 과정을 끝내야 한다는 어머니의 주장에 캘리포니아로 돌아가는 좌절감을 맛보기도 하였다.

코플랜드는 여러 차례 발레아카데미에 낙방했다. 미국 스포츠용품 기업인 언더아머는 후에 성공한 코플랜드를 자사의 광고모델로 발탁했다. 이 광고는 코플랜드가 어린 시절 아카데미로부터 받은 거절 편지를 내레이션으로 사용했다. 아카데미에서 날아온 거절 편지들은 그녀의 신체적 특징을 구체적으로 언급했다.

'유감스럽게도 우리는 당신을 받아줄 수 없습니다. 아킬레스건, 몸통, 가슴, 발이나 턴아웃 동작을 고려하면 당신의 체격은 발레에 적합하지 않습니다. 13세의 나이는 발레를 시작하기에는 너무 늦었습니다.'

실제로 코플랜드의 체격은 길고 가냘픈 소녀의 이미지에서 멀다. 157cm의 자그마한 키, 근육질의 다리, 풍만한 가슴, 단단한 골격에 자리잡은 근육들은 운동선수처럼 탄력적이다. 구원을 기다리는 연약한 여성보다는 스스로의 인생을 개척하는 여성 리더의 모습에 더 가깝다. 코플랜드는 ABT의 발레단에 합류한 뒤에도 늦은 사춘기, 스트레스성 골절, 급격한 체중 증가를 겪으며 힘든 시간을 보냈다. 자신의 신체와 발레리나의 이상적인 신체 이미지 사이에서 스트레스를 받던 코플랜드는 친구들의 도움으로 자신감을 되찾을 수 있었다.

"내 신체의 곡선들(발레의 신체 이미지는 가늘고 직선적이다)은 무용수로서의 나 자신의 한 부분이지, 내가 무언가가 되기 위해 버려야 할 것이 아니다. 내가 자신감과 즐거움을 갖고 춤추기 시작하자 ABT의 사람들도 나에게 다시 긍정적인 피드백을 주기 시작했다. 나는 완벽한 무용수가 갖추어야 할 모습에 대한 사람들의 생각을 바꾸어놓았다고 생각한다."

발레단의 유일한 흑인 무용수로서 코플랜드는 ABT스튜디오 컴퍼니(ABT의 세컨드 컴퍼니)에서, ABT의 군무진, 솔리스트를 차근차근 거쳐 서른세 살의 나이에 주역에 이른다. 코플랜드는 자서전 〈라이프 인 모션Life In Motion〉에서 '내가 두려운 것은 또 다른 흑인 여성이 엘리트 발레단에서 내가 오른 위치까지 오르는 데 다시 20년이 걸릴 수도 있다는 것'이라고 썼다. 코플랜드의 트위터에서 그녀를 존경하는 흑인 소녀들이 발레복을 입고 찍은 사진들을 또한 볼 수 있다. 검은 튜튜를 입은 한 흑인 소녀가 '백조가 되기 위해 창백할 필요는 없다'고 쓴 글도 눈에 띈다.

ABT발레단은 2013년부터 프로젝트 플리에Project Plie(플리에는 발레에서 무릎을 구부리는 가장 기본적인 동작)를 시작했고, 코플랜드 역시 참여하고 있다. 이 프로젝트는 발레가 인종과 민족, 계급의 경계를 넘어 다양한 인종의 어린이들이 접할 수 있도록 비非백인 교사와 학생을 지원하고 장학금을 제공하는 프로젝트다. 2016년 메텔사는 코플랜드의 이름을 딴 흑인 발레리나 인형을 제작했고, 코플랜드는 인형처럼 바짝 마른 몸이 아니라 개성있는 자신의 이미지로 새로운 역할 모델을 보여주고 있다.

아름다운 실패를 위한
우아한 리허설

20세기를 대표하는 현대 무용가로 전설적인 명성을 남긴 앨빈 에일리Alvin Ailey의 예술적 유산 역시 인종문제와 무관하지 않다. 그가 태어났을 때, 어머니는 17세에 불과했고 생후 6개월 만에 아버지가 가족을 떠났다. 미국 대공황 시절과 인종차별이 당연시되었던 시절, 에일리는 지독한 인종차별과 소외감을 경험하며 성장한다. 에일리는 어머니가 백인 남자들에게 집단폭행을 당했을 때, 경찰조차 도와주지 않는 것을 목격하고 백인에 대한 공포심을 갖기도 했다. 그를 위로하고 받아준 곳은 교회였다. 흑인들의 교회는 춤과 노래로 찬양하는 문화가 매우 발달해 있는데, 이 때문인지 그의 작품에도 영가와 찬송가의 사용을 찾을 수 있다.

그는 백인이 많은 학교에 적응하지 못하고 학교를 옮기다가 친구의 소개로 호손무용학교에 입학한다. 당시 흑인 무용수들을 받아주는 곳은 거의 없었다. 후에 자신의 무용단을 창단한 에일리는 극심한 인종차별로 무대에 설 수 없었던 다양한 인종의 무용수들에게 춤출 기회를 주었다. 그는 발레나 현대 무용의 움직임 테크닉과 함께, 아프리카 춤의 유산들을 많은 작품에 반영하였다. 대표적으로 〈Cry〉라는 작품에서는 하얀 스커트를 입은 흑인 여성 무용수의 솔로가 주가 되는데, 이것은 사회에서 차별받는 흑인 여성들이 받는 상처와 아픔을 표현한 것으로 어머니의 생일날 바친 작품이다.

에일리는 무용수들에게 발레의 영향인 곧고 길고 섬세한 하체의 움직임과 아프리카 춤의 영향을 받은, 드라마틱하게 표현적이고 율동적인 상체의 움직임을 결합하였다. 흑인문화의 감정과 예술성을 열정적으로 드러내면서 현대 무용의 표현력을 끌어올렸다는 평을 받았다.

1989년에 그는 〈앨빈 에일리 캠프〉를 설립해 예술을 접할 기회가 없는 저소득층 학생들에게 무용을 배울 수 있는 기회를 무료로 제공하는 프로그램을 선보였다. 보통 2천 명이 넘는 지원자가 몰리는 이 캠프의 선발 기준은 다음과 같다.

그 지역사회의 학생

편부, 편모 혹은 부모가 없는 학생

학교 점심 프로그램에서 제외된 학생

학교 중퇴나 퇴학생

전통적인 학교 구조에 적응이 어렵다는, 교사 추천을 받은 학생

무용, 운동, 창작에 관심 있는 학생

낮은 자아존중감을 지닌 학생

이 선발 기준은 코플랜드가 거절당한 엘리트 무용 캠프와는 사뭇 다르다. 에일리는 예술 영재를 뽑아 춤을 가르치려는 것이 아니라, 예술을 배우거나 극장에 갈 수 없는 아이와 가족들을 대상으로 삼았다. 심층 인터뷰를 통해 더 절실한 아이에게 기회가 주어진다. 캠프는 전국으로 확대되었고 최고의 강사진들과 무용수들이 파견된다. 흥미로운 것은 이 캠프가 가르치는 내용이다.

기본적으로 현대 무용이나 재즈, 아프리카와 남미의 전통

춤, 발레 등이 포함되지만 이 밖에도 공연과 평가, 창의적인 글쓰기, 영양, 약물, 알코올 중독, 성, 의사 결정에 대한 개인 상담, 예절과 매너 교육이 강조된다. 프로그램은 무료지만, 아이들의 노력까지 공짜인 것은 아니다. 아이들은 정시에 도착하여 성실히 참여하는 것은 물론, 스쿨버스 청소나 물건 정리 등 각각의 역할을 완수해야 한다.

모든 아이들이 캠프에 쉽게 적응하는 것은 아니다. 경제적인 부담으로 대부분의 학생들의 경우 처음으로 캠프 활동에 참가한 데다, 문제 행동으로 단체 활동 적응에 어려움이 있는 아이들이 상당수인 까닭이다. 특히 성취의 기회가 거의 없었던 아이들은 낮은 자존감, 두려움, 의지와 인내심의 부족으로 처음엔 단 5분의 집중도 어려워한다.

하지만 움직임의 반복을 통해 인내심을 키우고 자신의 몸을 조절하는 힘을 깨닫고 매너 교육을 통해 소통하는 능력을 배우고 전문가들과 자신의 문제를 이야기하면서, 아이들은 변화한다. 약 2주 뒤에는 상당수의 아이들이 밝고 적극적인 모습으로 변화하며, 자기 동기화, 자아 인식, 자존감, 자기 확신이 놀라울 만큼 향상되는 결과를 보인다. 이러한 변화는 캠프가 추구하는 열 가지 약속과도 무관하지 않다. 그중 몇 가지를 살펴보자.

나는 하루를 내 마음속 사랑으로 맞이한다.

나는 승리자다.

나는 나를 조절할 수 있다.

나는 행동하기 전에 생각한다.

나는 배우기 위해 귀 기울일 것이다.

나는 마음과 몸과 영혼을 다해 집중한다.

나는 다른 사람을 항상 예의로 대할 것이다.

지난 3년간, 나는 한 국립예술단체와 함께 무료로 진행되는 예술교육 프로그램을 진행했다. 아티스트와 일반 학생의 비율을 최대한 낮추기 위해 인원을 한 반에 20~30명 정도로 제한하는데, 매 시즌 학생들을 모을 때마다 나타나는 특징이 있다.

일단, 초등학교 저학년 반은 열정이 폭발적이다. 상상력, 창의력, 도전정신 같은 예술의 의미가 학생과 학부모로부터 가장 환영받는 시기다. 접수를 시작하면 곧 마감될 뿐만 아니라 내용에 대한 문의도 많고 아이들의 결석도 거의 없다. 부모님을 따라 이미 여러 예술이나 교양프로그램에 참여해본 경험이 많아서인지, 아이들은 참으로 세련되고 능숙하다. 다양한 작업 과정이나 현장 탐방, 공연에 이르기까지, 낯설어하지도 어려워하지도 않는다.

미디어를 활용한 어린이 무용수업의 장면들 | 사진제공 아트커뮤니케이션21

춤, 나를 비추는 셀카인가

흥미롭게도, 초등학교 고학년(4-6학년)이 되면 사뭇 다른 풍경이다. 초등 3학년부터 진행한다는 선행에 대한 학구열 때문인지, 아이들의 결석도 비교적 잦은 데다 중학교 진학을 앞둔 6학년은 특히 만나기가 어렵다. 수업이 시작되는 토요일 오후 1시, 이미 절반의 아이들은 지쳐서 스튜디오로 들어온다. "점심도 못 먹었어요." "쉬고 싶어요." 초등 고학년이 되면, 영어, 수학 등, 한두 개 이상의 학원이나 과외활동이 이미 토요일 오전 스케줄을 채우기 다반사다. 간단한 놀이로 아이들의 마음을 달래주지 않으면, 아무리 뛰어난 아티스트들도 이 아이들을 동기화하기 힘들다.

부모님의 손을 잡고 오는 저학년의 순응적 태도와 자발적으로 의사 결정을 내린 청소년의 자의식 사이에서, 이들은 도전적이면서도 지쳐 있고, 무심하면서도 집요하다. 아티스트와 스태프들의 에너지가 가장 많이 소진되는 블랙홀 같은 시간이다. 간혹 "우리 아이는 뮤지컬 배우를 지망하는데, 이런 놀이 말고 제대로 테크닉은 안 가르쳐 주나요?" "우리 아이는 무용을 좀 배워서 또래 아이들보다 뛰어난데, 상급반으로 못 옮겨주나요?" 같은 부모님의 항의를 듣기도 한다.

그 '상급반'으로 오해되는 청소년 반은, 실은 노는 데 더 집중한다. 창의성은 교육에서 마법의 단어가 되었지만, 입시라는 괴

각자의 이야기를 그리고 몸으로 표현해보는 청소년 수업의 한 장면(예술강사: 강진안)

물 앞에서 아이들의 상상력은 탈수기에 돌려지는 것 같다. 우리는 무엇인가를 입력하는 대신, 아이들이 가진 제각각의 이야기를 들어주고 꺼내놓고 실험하게 한다. 청소년은 무료 프로그램에서 가장 모으기 힘든 그룹이다. 더러 시험 일정이나 결과에 따라 아이들은 사라진다. "엄마가 반대해서요." "시험을 망쳐서요." 입시라는 거대한 미션 앞에서, 예술의 필요성은 너무나 가벼워진다.

그런데 왜 아이들에게 예술이 필요할까? 우리는 예술교육에 반대하는 두터운 벽을 만난다. "예술은 재능을 가진 아이들에게나 해당하지 평범한 사람에게는 시간 낭비죠." "중요한 시험이 너무나 많아서요." "입시를 준비하다 보면 예술에 할애할 시간이 없어요." "예술교육은 비싸요."

예술이 삶의 의미를 풍요롭게 한다지만, 예술이 당장 아이들의 삶에서 무엇을 하는가는 의외로 드러나지 않는다. 흔히, 학원이나 무용아카데미의 광고를 보면 무용교육을 받으면 자세가 좋아지고 사교성이 발전하고 음악성이 향상되고 몸매 관리에 도움이 된다고 말한다.

그러나 우리가 예술을 경험하게 하는 것은 예술이 다른 기능이나 능력에 기여하기 때문이 아니라, 다른 분야에서 배울 수 없는 것을 배우기 때문이다. 우리는 자존감 없이는 다른 사람 앞에서 춤출 수 없다. 아이들은 스스로의 몸을 조율하면서 자의식과 주체의식을 배우고 다른 사람과 소통한다.

최근 교육이 노래하는 창의력과 상상력은 자극을 통해 튀어나오는 조건반사라기보다는, 시행착오가 너그럽게 허용되는 환경에서 놀아본 아이들의 문제해결방식에 더 가깝다. 아이들은 예술활동에서 무수한 선택을 하며 삶의 모호성을 포용하고 다른 사람의 작업을 공감하는 능력을 '리허설'한다. 인간의 몸과 움직임에 대한 아이들의 귀한 호기심과 에너지가, 대중매체가 반복적으로 노출하고 있는 오락무용의 '춤추기'로만 흡수되는 것은 정말 안타까운 일이다.

우리 사회는 아이들에게 성공만이 가치 있다는 믿음을 무서울 정도로 강요한다. 요즘 어떤 초등학교 3학년 학생들은 체육시간에 배울 뜀틀을 '선행학습'한다고 한다. 혹시라도 넘지 못할 경우 느끼는 패배감을 예방하기 위해서란다. 패배감 예방을 위한 선행이라니. 역설적이게도, 그처럼 사소한 실패에 대한 면역력을 갖지 못하는 것이 실은 더 무서운 일이다.

예술은 아이들에게 긍정적인 실패의 경험을 준다. 요즘 시대가 노래하는 창의적 인재는 거룩한 영감에서 단 하나의 완벽한 아이디어를 내는 이가 아니라, 실패를 두려워하지 않는 도전자가 끝끝내 해내는 성취에 가깝다. 예술의 즐거움은 결과물

보다 도전하는 과정이다. 춤은 감정에 대한 주목을 하고 '나'의 고유한 존재를 의식하며 표현에 의미를 두고 타인과의 공감을 시도한다.

철학자는 왜
춤을 무시했을까?

철학은 왜 춤을 무시했을까. 냉소적이지만 뜨끔한 문장이다. 스스로 무용박사Ph.D in Dance로서 "왜 춤에 아카데믹한 박사 학위가 필요하느냐?"는 질문을 얼마나 많이 받아봤는지를 헤아린다면, 이 철학적 질문의 처절함을 이해할 수 있으려나.

'춤이 없는 문화는 없다' '우리 민족은 춤을 사랑했다'는 말처럼, 춤은 음악, 미술 등과 함께 인류역사에 오래 전부터 존재해왔다. 그러나 다른 예술과 달리 철학적 담론이나 검토는 빈

춤, 나를 비추는 셀카인가

약하였고, 순수예술(fine art)의 하나로 포함되기 시작한 것도 20세기 초반이 지나서였다.

철학자들이 무용에 대해서 언급하지 않은 것은 춤에 있어 매우 불행한 일이다. 그 사회의 중요한 현상이나 흐름에 대해서 학자들이 분석과 의미부여를 하게 되는데, 아쉽게도 춤의 역사에는 철학자들이 춤의 가치에 대해 상세한 기술을 한 것이 드물다. 무용미학 수업의 첫 몇 시간은 대개 철학자들이 왜 무용을 예술에 대한 언급에서 제외했는지에 할애된다.

〈왜 철학은 춤을 무시했을까? Why Philosophy Neglects the Dance?〉는 캐나다의 프란시스 스파르샷이라는 철학자가 1988년에 쓴 논문이다. 벌써 발표된 지 30년이 다된 짧은 논문이지만, 논의의 가치는 여전하다.

스파르샷은 춤이 철학자들에게 무시되는 데 기여했을 것으로 추정되는, 몇 가지의 이유를 든다. 예컨대 철학자들이 신체를 무시하였으나 춤은 신체적 활동이라는 점, 가부장적 서구 문화에서 춤이 여성적 예술로 인식되었다는 점, 기독교 특히 청교도주의가 춤을 무시했다는 점. 그리고 춤이 논의의 토대가 될 친숙한 레퍼토리가 적었고, 악보처럼 널리 이용되는 무보의 부재 등 이론화의 계기가 없었다는 점 등이다.

그러나 춤은 몸, 마음, 정신이 모두 필요하고 세계의 많은 문화권에서 남성이 여성보다 더 압도적인 역할을 한다는 연구도 많다. 스파르샷은 춤의 무시에는 더 중요한 이유가 있다고 지적한다. 어떤 예술에 대한 철학적 저술이 생겨나려면 그 시대의 지배적인 이데올로기를 반영해야 하는데, 춤은 그 시대의 시대정신을 표현하는 데 실패했기 때문이라는 것이다. 예컨대 헤겔은 그의 순수예술에서 춤을 제외하였다. 그는 '춤은 시시한 상징적 표현' 외에는 의미를 가지지 못하기 때문이라고 꼬집었다. 스파르샷은 얄밉게도, 춤이 그 사회의 시대정신과 부합한 예는 제사나 굿처럼 주술적 성격이 중요했던 선사시대 정도라고 지적한다.

물론 스파르샷의 논리에 대한 반박도 있다. 철학자(이자 나의 논문지도위원이셨음도 굳이 밝힌다) 조셉 마골리스는, 스파르샷이 춤을 '모든 활동들이 지닌 역사성'을 고려하지 않고 '세상의 시스템' 안에 가두는 것을 지적한다. 그는 춤이 '관념화된 전체주의적인 이론을 거절하는, 불확정한 문화의 한 표현'으로서의 독특성을 지니고 있다고 방어한다.

마골리스의 방어에도 불구하고 '춤이 역사적으로 시대정신을 표현하였는가' 하는 문제는 여전히 고민할 필요가 있다. 발레는 프랑스 황실의 여흥으로 탄생하여 자신의 관객에게 충실하게 봉사하였다. 1789년 프랑스대혁명으로 발레의 친정이었던

안무 김설진 | 리허설 뒤 무대 위에서 무용가 김설진과 딸 아린 양

왕정이 무너지자 발레는 무대장치와 의상, 그리고 아름다운 무용수를 동원하여 춤의 오락적 성격을 강화했다. 1789년 7월, 프랑스 시민들이 평등한 권리를 획득하기 위해 봉기한 역사적 사건 2주 전, 극장에 올려진 신작 발레는 〈말괄량이 처녀La Fille Mal Gardée〉였다. 이 발레는 시골의 아름다운 소녀와 과부인 소녀 어머니가 반대하는 농장 청년의 연애를 코믹하게 다룬다.

최근에 와서 춤이 '교양'의 한 부분으로 들어오기는 했지만, 여전히 춤이 뇌를 자극하고 머리가 좋아지는 지적 활동이라는 인식은 낯설다. 춤은 지성적 활동의 대척점에 있는 것처럼 여겨져왔다. 우리 문화에도 무용수의 인지적 능력에 대한 꾸준한 희화화와 의구심이 있지만, 영어권의 상용구도 못지않다. '무용수는 학자가 되지 못한다' '좋은 무용수는 머리보다는 다리가 낫다' '더 어리석은 자가 춤추기에는 더 좋다' 같은.

그런데 춤이 과연 인지 능력과 학습 능력에 도움이 될까? 춤을 추거나 춤을 보는 것이 머리가 좋아지는 활동일까? 80대를 앞둔 무용학자 주디스 린 한나Judith Lynne Hanna는 예술 무용과 비예술 무용의 가치를 구분하지 않고 인류학자의 관점에서 춤의 가치를 변호한다. 최근 저서인 〈학습을 위한 춤추기Dancing to Learn〉라는 책에서 '춤이 마치 새로운 언어를 배우는 사람들의 뇌가 자극받는 것처럼 우리의 사고를 촉진시킨다'고 주장한다.

최근의 신경생리학 연구들은 움직임이 언어처럼 많은 부분의 뇌를 공유한다는 것을 발견했다. 무용수가 흔히 사용하는 '움직임의 언어'라는 표현이나, 무용교사들이 수업시간에 신체를 '표현하다articulate'고 말하는 것이 수사적 표현이 아니라, 실제로 춤의 이해가 언어를 담당하는 뇌의 브로커 영역과 관련 있다는 것이다. 학습자들은 움직임이 동반될 때 더 빨리 학습한다. 미국에는 학생들의 수학 학습능력을 높이기 위해 수학의 개념이나 공식을 움직임으로 만들어 보급하는 〈Math in Your Feet〉이 있다. 미국의 중국문화원은 만다린을 배우는 학생들에게 중국어로 중국 전통춤을 가르치는데, 이러한 움직임과 인지력을 결합한 교습 방법은 상당한 효과가 있다고 한다.

　또 하나 흥미로운 대목은, 춤을 감상하는 경험 역시 뇌의 발전을 촉진시킨다는 것이다. 뇌는 카메라와는 달리 대상을 인식할 때 어떤 지각기관을 활용할지 선택한다. 춤을 볼 때는 일상적 움직임을 볼 때보다 인지 뉴런시스템이 더 많이 작용한다. 특히, 우리는 자신이 할 수 있는 동작을 관찰할 때 더 많은 반사경 뉴런이 활성화되는데, 이 반사경 뉴런계는 우리가 타인의 마음을 이해하는 공감능력과 관련이 있다. 즉, 춤의 학습은 다른 사람의 정신 상태와 기분을 파악함으로서 사회적 행동을 가능하게 하는 반사경 뉴런계를 발전시킨다는 것이다.

백조의 호수를 재해석한 안남근의 〈나는 애매하지 않습니까? 당신에 대하여〉 | LDP무용단

춤, 나를 비추는 셀카인가

뇌에 대해서 아직 많은 부분들이 알려져 있지 않고, 춤이 인간의 인지적 활동을 자극한다는 것은 여전히 연구되고 있는 가설에 가깝다. 하지만 춤의 지성적, 인지적 측면에 대한 인식은 반가운 일이다. 춤추는 이들이 공격받아온 (때로는 자신들조차 의문을 지녔던) 춤과 춤 교육의 인지적 영역에 대해서 과학적 논리가 뒷받침하는 거의 최초의 시도이기 때문이다.

"나는 은퇴를 앞둔
마흔두 살의 군무 무용수입니다"

 1671년 설립된 파리오페라발레단Paris Opera Ballet은 세계에서 가장 오래된 발레단이면서 전제군주제의 강력한 위계질서가 여전히 남아 있는 발레단이다. 대부분의 무용수들은 1713년에 설립된 파리오페라발레학교 출신으로 매우 치열한 경쟁을 통해 선발된다.

 2004년, 이 전통을 자랑하는 발레단은 매우 특별한 작품 하나를 무대에 올린다. 제롬 벨이라는 안무가의 〈베로니크 두아노Véronique Doisneau〉라는 작품이다. 제롬 벨은 농당스Non-Danse(춤이 아닌 춤의 의미로 테크닉이나 동작 등의 춤 양식을 사용하지 않는 작업들)의 대표주자로, 아카데믹한 발레극장과는 거리가 멀다. 제목인 베로니크 두아노는 오페라단의 한 군무 무용수의 이름이다. 사치스러운 프랑스 황실의 취향을 고스란히 드러내는 극장의 화려한 막이 오르면, 무대에는 화려한 세트도, 조명도, 장치도 없다. 연습복 차림의 발레리나가 한 명 등장해 자신의 이야기를 시작한다.

"안녕하세요. 내 이름은 베로니크 두아노입니다. 나는 결혼했고 두 아이가 있습니다. … 나는 마흔두 살이고, 이 공연은 은퇴하기 전 나의 마지막 공연입니다."

무용수는 차분히 자신의 이야기를 계속한다. 150명이 넘는 파리오페라발레단의 평균 연령은 25세에 불과하다. 최고의 기량을 지닌 무용수라 할지라도 42세가 되면 은퇴해야 한다. 베로니크는 20년 이상 발레단에서 활동했고, 단 한 번도 주역을 맡아본 적 없다. 발레단의 위계 속에서 '쉬제sujet'라 불리는 솔리스트지만 군무의 리더를 맡는 중간 단계다. 월급은 한 달에 3,600유로를 받는다.

그녀는 20대에 척추수술을 받고 춤을 그만두어야 할 위기

안무 강경모 〈기다려요〉 | 강경모댄스프로젝트

를 간신히 넘겼고, '자신이 신체적으로 약하고 부족해서' 스타가 될 수 없었다고 고백한다. 춤의 언어를 통해 감정이 일어난다고 알려준 무용가 로돌프 누레예프와의 만남이 그녀에겐 의미 있는 기억이었으며, 가장 좋아하는 〈지젤〉의 부분을 직접 춤춰주기도 한다. 그리고, 그녀에게 가장 끔찍한 발레 장면도 소개한다.

"발레에서 가장 아름다운 〈백조의 호수〉 2막에서는 무용수 32명이 아름다운 군무를 보여줍니다. 우리는 길고 긴 포즈(정지상태)로 있으면서, 주역들을 빛내주기 위한 인간 장식물이 됩니다. 이 장면은 우리에게는 가장 끔찍한 장면입니다. 예를 들어, 나는 소리를 지르거나 무대 밖으로 뛰쳐나가고 싶습니다." 이어서 베로니크는 〈백조의 호수〉 2막의 군무 부분을 춤춘다. 실제 공연에서 이 장면은, 백조와 왕자 커플이 사랑에 빠지고 서로의 감정을 확인하는 장면으로, 남녀의 고난도 테크닉에 초점이 맞춰진다.

〈백조의 호수〉 안무가였던 프티파는 대칭과 화려함, 장식을 사랑하였다. 그는 전제군주의 기하학과 패턴에 대한 애정을 실제 사람, 즉, 무용수를 이용해 구체화하였다. 따라서 백조공주를 수발하는 32명의 백조 아가씨들은 칼로 자른 듯한 대형의 변화 속에서 10여 분간을 인형처럼 포즈를 바꿔가며 서 있어야 한다.

베로니크 두아노는 주역도, 동료 군무진도, 의상도, 세트도 없이 혼자 자신의 위치와 역할, 그리고 대형의 32분의 1을 찬 찬히 보여준다. 실제 무대에서는 화려한 주역의 테크닉에 집중되어 군무의 집합체로만 인식되던 32명의 무용수들. 인형처럼 부동의 자세를 취한 복수의 집단이 아니라 한 개인의 모습이 눈에 들어오는 순간, 〈백조의 호수〉는 전혀 다른 작품처럼 보여진다.

사랑에 빠진 주역 무용수가 낭만적인 듀엣을 하는 꽤 긴 시간 동안 32명의 군무수들은 똑같은 포즈를 숨소리조차 죽이며 유지해야 한다. "우리는 스타들을 빛내기 위한 인간 장식물이 됩니다"라는 그녀의 말처럼, 32명의 포즈와 표정과 호흡과 각도와 몸은 놀라울 만큼 동일하게 전시된다. 이는 무용수 개인에게도 체력적으로나 정신적으로 엄청난 부담이 된다. 방금 끝낸 동작에서 몰아쉰 숨의 모자람, 가쁜 호흡을 내색할 수 없는 온몸의 긴장 상태, 옆 사람에 맞추어 눈동자까지 고정해야 하는 포즈, 움직임이 아니라 정지로 표현해야 하는 역할, 코르셋처럼 조이는 의상, 따가울 정도의 조명에 녹아내리는 땀까지. "가끔 나는 소리를 지르거나, 무대를 뛰쳐나가고 싶은 생각을 하지요"라는 무용수의 솔직한 고백은 서글프고 처절하다.

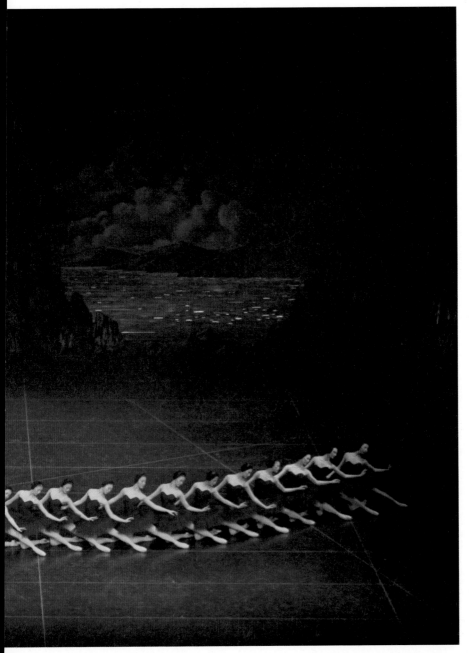

〈백조의 호수〉의 흑조와 백조의 군무 장면

실제 공연에서는 관객들이 두 주역의 테크닉과 그림 같은 미장센에 집중하기 때문에, 이 군무 무용수들의 감정이나 고통은 드러나지 않는다. 공연 영상 속에서 흔히 포커스 밖으로 밀려나, 그림 같은 대형과 하얀 튜튜의 조화가 아름다운 인간 장식물로 보게 만든다. 그러나 한 개인의 노력과 훈련, 재능이 타인을 위한 장식물로만 쓰여지는 15분여를 오롯이 마주하는 것은 낯설고도 불편하다.

최고의 발레단에서 20년을 군무수로 보내고 은퇴를 앞둔 한 개인의 강력한 내러티브 외에도 이 작품이 생각하게 하는 것은 많다. 주역이 아니면 40대의 아이 엄마라도 '마드모아젤(아가씨)'이라고 부르는 극장의 전통, 약간의 재능의 차이로 넘볼 수 없는 조직 위계, 주인공과 군무를 잔혹하게 가르는 클래식 발레의 300년 된 시스템, 발레가 지향하는 시각적 아름다움과 계급화, 동화 같은 이야기에 가려진 인간적인 부분들 등이다.

이 작품을 안무한 제롬 벨은 뒤늦게 안무가가 된 경우다. 그가 처음 오페라발레단에서 안무를 제의받고, 이 아이디어를 무용수들에게 설명하자, 단 세 명의 무용수만 남았다고 한다. 그는 프랑스 안무가 필립 드쿠플레의 조수로 1992년 동계올림픽 오프닝 세레모니를 연출한 후, 28세에 안무가가 되기로 결심한다. 그는 2년간 커리어를 멈추고, 파리로 가서 바르트와 미셸 푸고를 읽으며 보냈다. '안무가가 되기 위해서는 한 가지 방법밖에 없는 것으로 느껴졌습니다. 철학서를 읽고 무용사를 공부하는 것이죠.'

실제로 제롬 벨은 스스로를 예술가보다는 철학자라 인식한다. 〈베로니크 두아노〉는 클래식 발레에 대한 새로운 관점을 주었고, 두아노는 새로운 세계적 주목을 받았다. 하지만 그녀 역시 전통에 따라 은퇴했고, 곧 무대 위에서 사라졌다. 몇 년이 지난 후 베로니크 두아노는 어린이들에게 발레를 가르치고 있다고 한다.

2
춤
작품 속
이야기

1789년 프랑스대혁명은 발레의 운명에도 큰 영향을 주었다. 프랑스는 혁명 후에도 국가체제가 바뀌며 75년 동안 격동의 시대를 보내게 된다. 산업혁명으로 인한 대량생산과 자본주의는 사람들의 생활방식을 바꾸어놓았다.

이전 시대의 황실 발레의 관객은 왕과 귀족들이었지만, 혁명 후 부르주아 계급이 발레의 주요 관객이 되었다. 신神과 올림푸스산의 마법 이야기를 다루었던 발레는 새로운 관객의 취향에 맞는 새로운 이야기를 찾아야 했다. 예술가들은 감정을 중요시하면서 이국적이고 영원한 것을 꿈꾸었는데, 이는 발레에도 적용되었다.

오늘날 발레가 지닌 환상적이고 순수하며 여성적인 이미지는 낭만주의의 영향이 짙다. 발레는 초현실적인 여성 캐릭터와 그들과 사랑에 빠진 남자를 등장시키고 연애와 결혼 사이의 흥미롭고도 위태로운 이야기들을 다룬다. 특히, 낭만 발레에서는 여성 무용수가 매우 부각되었는데, 하얀 의상을 입고 발끝으로 춤추는 여성 무용수는 피폐한 현실 속에서 방황하는 순수한 영혼처럼 여겨졌다.

〈라 실피드〉 삼각관계의 고민
: 어떤 여자와 결혼해야 하는가

1832년, 파리오페라발레에서 초연된 〈라 실피드〉는 낭만 발레의 시대를 본격적으로 연 작품이다. 아름답고 초현실적이면서도 이상에 대한 인간의 갈망을 보여주는 작품으로, 여전히 인기가 높다. 파리 한복판의 가장 화려한 오페라극장에 올려진 〈라 실피드〉 이야기의 배경이 스코틀랜드 북부의 외딴 시골 마을이라는 것은 흥미롭다.

혁명 후 발레의 관객은 자산계급으로 바뀌면서 이야기의 무대 역시 신들의 올림푸스 동산이나 황실에서 벗어나게 된다. 이국적이고 초현실적인 것을 사랑한 낭만주의의 성향상, 안개가 자욱한 스코틀랜드의 시골 마을은 요정의 거주지로 꽤 설득력 있게 여겨졌을 것이다.

〈라 실피드〉는 낭만 발레답게 전쟁 영웅이나 거대한 운명 대신 평범한 남성에게 일어난 연애 갈등과 사랑의 승리자, 그리고 로맨틱 히어로를 다룬다. 또, 이상과 현실의 가운데서 '어떤 여자와 결혼해야 하는가' 하는 교훈을 주기도 한다.

주인공인 제임스는 에피라는 충실한 농장 소녀와 곧 결혼식을 앞두고 있다. 낮잠에 빠진 그에게 아름다운 공기의 요정(실피드)이 나타나 키스를 하면서 자신의 사랑을 받아달라고 한다. 그녀는 제임스의 눈에만 보이는데, 그 점을 이용해 장난을 건다. 마침 약혼녀 에피가 들어와 마을 사람들과 함께 춤을 추기 시작한다. 에피와의 듀엣 사이에 실피드가 끼어든다. 자신이 속한 사회적 그룹에서 약혼녀와의 현실적인 사랑과 요정과의 이상적인 사랑이 대비되는 장면이다.

실피드는 그가 에피와 결혼하면 자신은 죽을 것이라고 말하면서, 결혼식 전에 에피에게 주려던 결혼반지를 낚아챈 뒤 달아나버린다. 결혼식을 포기한 채 제임스는 실피드를 잡으러 떠나고, 에피는 좌절한 채 사람들의 위로를 받는다. 숲속을 헤매던 제임스는 마녀 매지를 만나는데, 마녀는 하얀 스카프를 요정에게 씌우면 그녀를 가질 수 있다고 한다. 제임스는 실피드를 소유하고자 요정에게 스카프를 씌우지만 요정의 날개가 떨어져 실피드는 죽고 만다. 요정의 친구들이 실피드를 하늘로 데려가고, 좌절에 빠진 제임스 뒤로 에피가 제임스의 친구와 결혼해 행진하는 모습이 지나간다.

샐리 베인즈 같은 무용학자들은 〈라 실피드〉가 사회적으로 용인되는 결혼과 그 바깥에 있는 절망과 죽음에 대한 경고를 은유한다고 해석한다. 발레는 두 가지의 옵션을 다룬다. 에피라는 용인된 결혼은 즐겁고 예측 가능하지만 실피드와의 결합은 불가피한 비극으로 끝난다. 하지만 그 안에서 갈피를 잃은 남자의 욕망은 결국 모두를 잃게 만든다.

사실상 내러티브만을 보자면, 실피드는 결혼식 날(혹은 그 전날) 남자를 유혹하는 도발적인 캐릭터로, 현실과 이상 속 두 여자와 함께 춤추는 제임스와의 3인무는 내용상 아침드라마에 가깝다. 그녀는 잠에 빠진 남자를 키스로 깨우고 사랑한다고 고백한 후 그의 결혼식 날 결혼반지를 들고 달아나버린다. 그러나 그녀의 유혹적인 캐릭터에도 불구하고, 발레의 안무 구조가 만들어내는 실피드의 캐릭터는 놀랍게도 정반대인 여성적이고 순수한 캐릭터로 묘사된다. 실피드는 인간이 아니므로 인간의 규범과 도덕에 얽매이지 않는다. 그녀의 유혹은 부도덕이 아니라 도덕과 상관없는 행위에 가깝다. 실피드는 숲속에서 자신의 연인에게 나비를 잡아주며 자신을 속인 사랑 앞에서도 원망 없이 죽어가는 로맨틱 히로인이다. 제임스의 폭주는 실패했지만, 이는 탐욕이라기보다는 젊은이가 꿈꾸는 이상의 세계에 대한 열정으로 해석된다.

이 작품이 초연되었을 때, 관객의 모든 관심은 실피드를 춤춘 28세의 이탈리아 출신 무용수 마리 탈리오니에게 쏟아졌다. 마리 탈리오니는 낭만 발레의 교본 같은 무용수지만, 지나치게 팔이 긴 체형으로 당시의 미의 기준에는 그닥 맞지 않았다고 한다. 그녀의 동료들은 어깨가 내려오고 마른 체형의 탈리오니를 심지어 '곱추'라고 부르며 놀렸다고 한다. 그녀의 아버지이자 안무가였던 필립포 탈리오니는 딸의 신체적 특징과 장점을 고려하여 딸을 신비로운 공기의 요정으로 탄생시켰다. 그녀는 긴 팔을 가슴 앞으로 교차되게 접었는데, 사실 남자를 유혹하는 도발적인 캐릭터임에도 불구하고 매우 순진해보이는 이미지를 만들어냈다.

특히 탈리오니는 공기의 요정을 표현하기 위해 오늘날 발레의 트레이드 마크인 발끝으로 서서 춤추는 것(Sur Les pointes)을 시도했다. 탈리오니가 기증한 발레슈즈를 보면, 단순한 공단 슬리퍼에 가깝다. 오늘날은 포인트슈즈를 만드는 기술이 발달해서 무용수의 체중을 잘 지지하도록 슈즈 내부가 석고와 아교로 되어 있다. 탈리오니는 나비처럼 새처럼 춤추었다고 기록되어 있는데, 문자 그대로 발끝으로 잠시라도 서기 위해서는 그 노력과 고통이 상당했으리라 짐작된다. 이 역할로 탈리오니는 공기의 요정의 현신으로 인기를 끌었으며, 발레사에 길이 남을 여성 캐릭터를 탄생시켰다.

움직임을 보면 실피드는 약혼녀 에피와 달리 한곳에 머무르지 않는다. 비현실적 캐릭터를 구사하기 위해 발은 끊임없이 움직이고 정지된 포즈가 거의 없이 움직임이 흐른다. 실피드의 캐릭터를 위해 음악은 하프와 플룻이 엑센트 없이 부드럽게 연주된다. 등장과 퇴장도 인간 캐릭터와 달리, 창문이나 굴뚝처럼 문이 아닌 곳으로 다닌다. 테크닉적인 필요에 의해서가 아니면 사랑하는 남자와 신체접촉이 일어나지 않아, 이들의 관계를 이성간의 애정표현이기보다는 이상에 대한 열망으로 해석하기도 한다.

반면, 인간 여자인 에피의 춤은 발레 동작이면서도 포크 댄스 스타일이 강하다. 실피드와 달리 그녀는 제임스와 대칭을 이루는 동작과 동선으로 움직인다. 자신의 춤을 출 때도 사랑하는 남자에게 시선을 보내며 배우자에 대한 충성도를 표현하며 정교한 동작과 힘, 숙련도를 보인다. 그녀는 시골 농장의 현숙한 아내로서의 자신의 역할을 잘 이해하고 있고 자신이 함께 공존해야 할 커뮤니티와도 친밀하다. 사람들과 자연스럽게 손을 잡고 춤추고 기쁨과 위로를 주고받으며 자신의 감정을 주위 사람들과 공유한다.

흥미롭게도 이 작품에는 '비인간'인 여성 그룹이 두 개로 나뉘는데, '요정의 무리'와 '마녀의 무리'다. 마녀들은 발레 움직임이 아닌 기계적이고 비대칭적이고 간헐적으로 움직인다. 무리를 이루어 사악한 마법을 쓸 때 원으로 춤추면서도 서로간의 신체적 접촉이 없다. 반면, 숲속에 있는 실프들은 아름답지만 클론처럼 모두가 똑같은 모습을 하고 있으며 개인의 감정 표현이나 교류는 찾기 힘들다. 실피드가 갑작스레 죽어갈 때조차 그들은 개인적 감정을 드러내지 않는다. 마치 상조회사의 숙련된 파견 직원처럼 일사분란하고 효율적으로 동료 요정을 떠매고 하늘로 올려보낸다.

실프와 마녀, 그들의 출현은 인간의 삶에 부정적인 영향을 주었지만 한쪽은 '요정'으로, 다른 한쪽은 '마녀'로 불린다. 왜일까? 우리는 꼭 젊고 아름다워야만 사랑받을 수 있는 것일까?

마녀, 똑똑하고 독립적인 여성을 부르는 다른 이름

발레에 등장하는 여성의 이미지는 젊고 아름답다. 그러나 그 대척점에 발레의 내러티브를 이끌어가는 여성 캐릭터는 마녀다. 〈백조의 호수〉에서는 삭제되었지만 '마녀' 캐릭터는 〈라 실피드〉의 마녀 매지나 〈신데렐라〉의 계모 등 여러 레퍼토리에 반복되어 나타난다. 흥미로운 건, 이 젊지도 선량하지도 않은 여성의 캐릭터는 대개 남성 무용수가 연기한다.

〈잠자는 숲속의 미녀〉에서 왕은 '금 접시가 모자라서'라는 매우 애매한 이유로(혹은 시녀장의 실수로도 나온다) 사악하고 힘 있는 요정 카라보스를 초대하지 않는다. 궁정 사람들과 요정들이 우아한 자세로 귀족적 위계에 따라 움직인다면, 카라보스는 등이 굽고 지팡이에 몸을 의존한 늙은 여성의 모습으로 그려진다. 요정들이 젊고 선량한 이미지로 팔을 열고 관객을 향에 몸이 열린 자세를 취한다면, 카라보스는 구부정하고 어두운 의상에 몸을 구부리고 닫혀 있는 포즈를 취한다. 특히 그녀는 여성적인 매력을 없애고 거칠고 불규칙한 동작을 보인다. 분노에 찬 이 여성은 통제가 불가능하다. 리더인 라일락요정이 그녀에게 인사하고 달래보려 하지만, 그녀는 사람들을 때리고 저주를 퍼붓고 사라진다.

〈라 실피드〉에 나오는 마녀는 햄릿의 마녀들을 연상시킨다. 마녀는 1막에서 초대받지 않은 자리에 나타나고, 자신을 쫓아내려는 청년들을 무시하고 마을 처녀들에게 손금을 봐주겠다고 말한다. 첫 번째 처녀에게는 많은 자손을 낳고 번성할 거라 예언하지만 다른 처녀들에게는 자식이 죽는다든지, 이미 임신했다든지, 혹은 이런 얘기를 듣기엔 너무 어리다고 거침없이 말한다. 마지막으로 에피에게는 제임스가 아닌 다른 남자와 결혼할 거라는 예언도 남긴다.

2막에서 마녀는 동료들과 어슴푸레한 깊은 숲속에 모여 있

물레에 찔린 오로라와 마녀 카라보스(오혜승)
사진제공 유니버설발레단 | 사진 김경진

다. 그들은 불길한 녹색의 불빛 아래 사악한 마법의 주문을 외운다. 무덤에서 걸어나온 듯한 얼굴, 산발한 머리, 기괴하게 자란 손가락, 그들의 움직임은 사람들과 달리 간헐적이고 비대칭적이며, 자세는 구부정하다. 마녀는 마법으로 만든 스카프를 남자 주인공에게 주면서, 이 스카프를 씌우면 요정을 소유할 수 있을 것이라고 속인다. 그러나 꿈속의 요정은 죽고 현실의 약혼녀는 다른 남자와 결혼식을 올리며 발레는 끝난다. 이 이야기 속에서 마녀의 악행에 대한 구체적인 설명은 존재하지 않아서, 마녀는 일종의 사이코패스 같은 캐릭터로 남는다.

무용학자 샐리 베인즈는 마녀는 서구 사회가 나이 든 여성에 대해 가지는 양면의 가치를 구체화한다고 지적한다. 춤추는 마녀들은 소외된 이들이지만 동시에 권위와 힘을 지닌, 긍정적이면서도 부정적인 특징을 함께 보여준다. 마녀는 여성적인 매력이 없고 애매한 젠더의 경계선에 존재하는 캐릭터로서 자신이 지닌 지혜와 지식, 파워를 쉽게 악한 목적을 위해 사용한다. 즉, 마녀는 자기주장이 확실한 여성의 힘과 비밀에 대한 남성 중심사회의 두려움이 뒤섞인 모순적인 캐릭터라는 설명이다.

요정을 위한
발레의 패션

발레 의상 역시 당대의 패션에 영향을 받아왔다. '튜튜Tutu'라 불리는 칼날처럼 짧고 펴진 스커트는 발레의 대명사지만, 〈라 실피드〉에 처음 등장했을 때는 지금처럼 짧지 않았다. 실피드는 하얀색의 베일를 겹쳐 만든 종 모양의 튜튜를 입어 발레복의 프로토타입을 제시했다. 튜튜는 1834년 이전의 작품에도 존재했으나 자연스러운 라인이나 허리선으로부터의 연결을 보면, 디자이너 유진 레미가 제작한 '실피드의 튜튜'를 최초로 꼽는다. 겹겹의 망사처럼 얇은 천으로 덧대어진 이 치마는 무용수가 점프를 하거나 움직일 때 공간 위에서 퍼지면서 움직임의 연속성을 강조해준다. 한편, 시간이 흐르면서 발레의 다리 동작이 정교해지자 발레 스커트의 길이는 점점 짧아진다.

공기의 요정 실피드와 죽은 처녀 귀신인 지젤의 의상의 차이는, 요정의 허리 뒤에 달린 작은 날개 한 쌍이다. 아무리 공기의 요정이 중력의 저항에서 자유롭다 해도, 역학적인 관점에서 보면 지나치게 작은 날개가 달려 있다. 이 작은 날개에는 작은 비밀장치가 있는데, 발레리나는 죽는 장면에서 실을 당겨 날개를 낙엽처럼 떨어뜨린다.

흥미로운 것은 실피드를 죽게 하는 물건인 스카프다. 왜 마녀는 독약이나 마법봉 대신 스카프를 요정에게 씌우라고 했을까? 사실 스카프는 18세기 후반부터 영국와 프랑스를 중심으로 매우 유행한 패션의 핫아이템이었다고 한다. 18세기가 스카프의 시대였다면, 19세기는 어깨를 덮는 숄의 시대였다. 데보라 소웰에 따르면 숄은 앤티크한 느낌을 주면서 당시 유행한 오리엔탈리즘을 반영했다. 특히 인도의 캐미시어는 프랑스에서 크게 유행해 귀부인들의 초상화에도 흔히 등장한다. 발레에서는 인도의 무희가 나오는 〈라 바야데어〉나 집시인 〈에스메랄다〉의 안무적인 도구로 사용되며 춤에 활력을 준다. 1844년 작

인 발레 〈에스메랄다〉에서 집시인 에스메랄다는 스카프 끝으로 장난을 치며 자유롭고 분방한 캐릭터를 드러낸다.

〈라 실피드〉에서 스카프는 이야기를 끌고나가는 상징물이면서, 캐릭터의 정체성과 관계를 의미한다. 1막에서 처음에 제임스는 에피를 버리라는 실피드에게 저항한다. "저리 가버려, 당신은 나의 감각을 속이는 텅 빈 그림자에 불과하오." 그러자 실피드는 에피가 의자에 두고 간 줄무늬 숄을 어깨에 두르고 그의 발밑으로 온다. 그 모습에 제임스의 이성은 무너지고 실피드를 끌어당긴다.

2막에 등장하는 마녀의 스카프는 보다 복잡한 의미를 지닌다. 실피드는 제임스가 스카프를 선물하자 자신의 죽음을 감지하지 못한 채 매우 기뻐한다. 자신의 스커트와 같은 재질로 만든 이 스카프를 받고 아이처럼 기뻐하며 춤추지만 이내 날개를 떨어뜨리고 제임스의 품 안에서 죽는다. 그녀의 동료들은 실피드를 이 천에 감아서 하늘로 데리고 올라간다. 스카프는 실피드를 소유하려는 제임스의 욕망과 마녀의 사악한 술수, 실피드의 죽음이 만나는 지점이다.

당시 〈라 실피드〉의 극적인 흥행으로 작품의 헤어스타일과 의상이 매우 인기를 끌었다. 탈리오니는 인기 있는 광고모델이 되었고, 〈실프Sylph〉와 〈실피드Sylphide〉라는 이름의 잡지가 발행

되었다. 흥미로운 것은, 작품 속 안무에 적극적으로 반영되는 스카프 외에 실피드가 하고 나오는 굵은 진주목걸이와 팔찌다. 인어공주도 아니고 공기의 요정에게 바다에서 나는 진주라니, 대체 어떤 연관이 있을까. 작은 점프와 발란스가 많아 춤출 때도 불편했을 텐데 말이다.

호기심에 뉴욕공립도서관(NYPL)이 소장한 〈라 실피드〉의 일러스트레이션을 찾아보았다. 오리지널 캐스트였던 탈리오니는 머리에는 화려한 화관을 쓰고 진주를 여러 겹으로 두른 목걸이와 여러 개의 팔찌를 하고 있다. 긴 진주를 여러 겹으로 두르는 것은 당시 유행하던 패션으로 탈리오니의 다른 초상에서도 보인다.

머리의 화관과 실프의 진주목걸이를 오늘날까지 착용하는 무용단이 많다. 종 모양의 튜튜와 백색의 이미지, 발끝으로 서는 테크닉 등 워낙 강력한 탈리오니의 유산 덕분인지 여성스럽고 고귀한 요정의 캐릭터에 이 치장이 적절해서인지, 그 이유를 정확히 알 수는 없다. 다만 당시 오페라발레단의 젊은 스타들에게는 보석이나 사치품을 선물하는 스폰서가 많았는데, 몇몇의 무용수들은 자신이 가난한 소녀 역할을 맡더라도 애인의 화려한 선물을 착용하고 나와 구설에 오르기도 했다.

영국의 빅토리아 앤 알버트 뮤지엄에는 탈리오니가 〈라 바야데어〉에서 착용한 긴 진주목걸이가 전시되어 있다. 인도의 무희가 주인공인 〈라 바야데어〉에서 착용한 목걸이를 잃어버려서 탈리오니가 개인적으로 구매한 목걸이라는 기록이다. 탈리오니는 후에 친구의 손녀에게 목걸이를 선물했고 그 후손이 박물관에 기증했다. 탈리오니는 인기만큼이나 많은 남자친구들을 사귀었지만, 말년에는 경제적으로 힘든 삶을 살았다고 전해진다. 좀 세속적인 호기심을 채워보자면, 수십 개의 크고 작은 진주알로 연결되어 68cm에 달하는 이 목걸이는 진짜가 아닌 이미테이션이다.

거짓말, 혹은
썸을 위한 변명: 〈지젤〉

　최근 널리 쓰이는 '썸'이라는 단어가 있다. 고백에 대한 불확실성, 연애로 이어지는 다음 여정에 대한 부담감, 그리고 그런 관계들이 가져올 부작용에 대한 백신인 걸까. '사랑'이라는 단어가 흔히 '빠지다' '느끼다' '하게 되다'와 같은 불가피성이 느껴지는 동사로 연결되는 것과 달리, '썸'과 매치되는 '타다'라는 동사는 선택적 자율성이 강하게 느껴진다. 언제든 안전하게 멈출 수 있는.

'썸'이라는 우산 안에서는 만나도 사귀는 것은 아니고 진행되어도 설정된 관계가 아니며 헤어져도 이별이 아닐 수 있다. 20대로 살기에 전례 없이 팍팍하고 가혹한 시대임을 고려해보면, 연애라는 지당한 즐거움조차 부담스러운 이들이 자구책으로 내놓은 감정의 보호장치라는 안쓰러움도 든다.

〈지젤〉은 '세상에서 가장 아름다운 사랑 이야기'로 홍보되지만, 썸을 타고 톡으로 헤어지는 요즘 20대에게는 그다지 매력적이지 않다. 우아하고 두툼한 발레단의 홍보물은 망사천을 뒤집어 쓴 아름다운 지젤의 모습에 덧붙여 '영원한 사랑'을 강조하지만, 이 어린 어른들은 캐릭터에 감화되지 않는다. 오히려 "선생님, 이 여자 좀 이상해요"라는 반응이 더 지배적이다.

덧붙여 말하자면, '어떤 여자와 결혼해야 하는가'라는 〈라 실피드〉의 분석과 관련하여, 요즘의 남학생들은 실피드보다 에피를 더 선호하는 반응을 보인다. 이 불확실성의 시대에 감정적, 사회적, 경제적으로 예측불가하고 반지를 뺏아가고 나비를 잡아 선물하는 등, 리스크 대비 감정적 소요 비용이 큰 실피드는 인기가 없다.

오늘날의 시선으로 보면, 〈지젤〉은 계급과 성의 차별이 로맨틱한 포장지에 싸인 이야기다. 거짓말쟁이 남성을 용서하는 순진한 소녀를 '불행하지만 순수한 사랑'이라 포장하는 공평치

지젤(황혜민)과 알브레히트(엄재용)의 파드되
사진제공 유니버설발레단 | 사진 김경진

춤 작품 속 이야기

못한 내러티브다. 남자 주인공 알브레히트는 공작이지만, 시골 소녀인 지젤을 만나면서 자신의 신분을 거짓말한다. 그는 지젤의 집 맞은편 오두막을 빌려 자신을 평민인 로이스로 소개한다. 공주와 약혼한 그의 정체도 신분도 속인 채, 휘장이 있는 검과 망토를 오두막 속에 숨긴다. 보통의 사랑에 빠진 남자들이 자신을 과대포장하는 것에 반해, 그는 스스로를 평민으로 다운그레이드시킨다. (혹자는 그가 자신의 타이틀이 아닌, 진짜의 모습을 사랑해주는 사람을 원했을 거라고 해석하기도 한다.)

자신의 정체를 안전하게 숨기고 하는 이 비밀스런 '썸'을 겸손이나 진정성 확인으로 볼 수 있을까? 휘장과 망토가 아니어도 어쩐지 공기부터 세련된 낯선 남자에게 끌려 목숨을 거는 것은 시골 소녀다. 지젤은 홀어머니와 단둘이 살며 건강도 꽤 나쁘다. 사냥한 토끼를 문고리에 걸어주고 가는 듬직한 동네오빠(힐라리온) 대신 불길한 연애를 택하지만, 비밀이 탄로나는 순간 죽어가는 것은 물론 이 시골 소녀다.

지젤의 세계에서 알브레히트는 신분이 가짜일망정 노출된 존재다. 그는 와인수확축제가 한창인 시골 마을을 들락거리며 사람들과 춤추고 어울린다. 연애하는 지젤과 알브레히트는 평등하다. 그들은 손을 잡고 얼굴을 마주 보며, 땅을 구르며, 마을 사람들과 춤춘다. 마치 귀농을 꿈꾸는 도시인들의 판타지처럼 자연의 가혹함이나 커뮤니티의 폐쇄성이 없는 평화롭고 조화로운 상상의 시골생활이다. 이 비밀스런 연애가 끝나는 것은, 마침 그의 약혼녀인 공주 일행이 사냥을 가다 지젤의 집에서 쉬어가면서부터다. 지젤은 귀한 손님들을 위해 춤을 추어 오락을 제공하고, 시골 소녀의 환대에 기뻤던 공주는 자신의 목걸이를 걸어주며 우정의 마음을 전한다.

때마침 지젤을 짝사랑하던 힐라리온은 그의 집을 뒤져 알브레히트의 정체를 폭로한다. 신분을 속이고 양다리를 불사한 공작, 춤추기 좋아하고 심장 약한 시골 소녀, 약혼자의 바람기를 알게 된 귀족 약혼녀, 질투에 이성을 잃은 동네 오빠, 그리고 이 모든 상황에 기겁한 지젤의 어머니. 아침드라마에서나 나올 법한 4자 대면의 광폭한 소란 속에서 지젤은 머리를 풀고 광란의 춤을 춘다. 지젤은 놀라고 분노하고 슬퍼하고 좌절하다가 결국 죽음을 맞는다.

발레는 상냥하고 사랑스러운 소녀가 애인의 배신으로 인해 미쳐서 죽어가는 과정을 드라마틱하면서도 기묘하게 드러낸다. 여느 비탄의 여주인공과 달리, 지젤은 슬픔에 겨워 조용히 죽음을 맞이하지 않는다. 사랑에 빠져 사람들과 춤추며 뛰어다니던 소녀는 돌변하여, 순식간에 그들을 자신의 죽음의 관객으로 삼는다.

지젤(황혜민)의 죽음
사진제공 유니버설발레단 | 사진 김경진

알브레히트의 정체가 폭로되자 지젤은 머리를 풀어헤치고 자신의 연인과 그 약혼녀 사이로 달려든다. 그녀는 애인을 추궁하고 변명하는 그를 밀쳐낸다. 귀족 약혼녀가 준 목걸이를 끊어던지듯 집어던지고 충격을 받은 어머니와 마을 사람들 앞으로 달려가 드라마틱하게 바닥에 몸을 던진다. 이어 배반당한 딸을 끌어안는 과부 어머니의 서러움이 마을 사람들을 분노하고 동요하게 할 무렵, 지젤은 벌떡 일어나 무대 중앙으로 가서 연인과 함께 꽃점을 치며 즐거웠던 사랑의 기억을 재현한다. 그녀의 서글픈 미소가 사람들을 눈물짓게 할 때, 지젤은 갑작스레 달려가 연인의 칼을 빼든다. 지젤은 엄청난 속도와 공간 지각력으로 마을 사람들 사이를 뛰어다니며 사람들을 공포로 몰아넣는다. 이 광기의 질주는 계속되어 그녀의 어머니, 알브레히트, 힐라리온의 품을 교차하다가 결국에는 모든 사람의 눈앞에서 자신의 죽음의 이유를 명료하게 지적하며 비장하게 쓰러진다. 버전에 따라서는 칼로 가슴을 찔러 자살하기도 한다.

1막 앞부분을 자세히 보면, 지젤의 어머니가 몸이 약한 딸을 염려하는 장면이 있긴 하지만, 사실 지젤은 춤출 수 있을 만큼 건강한 소녀다. 그녀의 조급한 성격과 건강 문제가 눈물과 광란은 설명한다 치더라도, 양다리 애인에 대한 실망감이 광기에서 죽음으로 연결되는 부분은 의아하다.

지젤은 신경쇠약이었을까? 애인의 배신에 죽음을 맞게 되는 지젤은 〈햄릿〉의 오필리어를 연상시킨다. 하지만 햄릿은 그녀의 아버지를 살해하고 오필리어를 야만적으로 배신했다는 점에서 지젤과는 많이 다르다. 지젤이 평소 감정 기복이 심하거나 히스테릭하다는 장면은 없다. 1막에서 마을 사람들이나 귀족들의 방문에서의 태도를 볼 때, 지젤은 사람을 믿고 따르며 유순하고 잘 적응하는 성격으로 묘사된다. 동네 사람들과의 다정하고 활기찬 군무에서 보여지듯 밝고 쾌활한 소녀다. 그렇다면 지젤은 왜 죽었을까.

질문: 지젤은 과연 처녀였을까?

존 뮤엘러라는 학자는 지젤의 광기는 배신당한 사랑보다 더 중요한 동기가 있다고 본다. 그는 〈지젤은 과연 처녀였을까?(1981)〉라는 논문에서 지젤의 광기와 윌리들의 복수 사이에, 발레에서는 설명되지 않는 중요한 이유가 있다고 지적한다. 꽃점을 치며 남자친구에게 앙탈을 부리는 순수한 소녀 캐릭터를 보면서 성적인 부분을 다루는 것은 다소 변태적일 수도 있지만, 이 주제에 대한 학술적 견해는 내러티브의 전개와 캐릭터 이해를 돕는다.

　지젤이 속한 문화에서 여성의 순결의 상실은 매우 중요한 문제다. 즉, 애인의 거짓말이 탄로났을 때, 지젤은 자신의 사랑을 잃었다기보다는 미래가 부서져버렸다는 절망감을 맞는다. 뮤엘러에 따르면, 당시 관습적으로 혼인 초야까지 순결을 지키기는 했지만 유럽의 많은 문화권에서 결혼식보다는 약혼 절차가 남녀의 동침 문제에 있어 중요한 효력을 갖는다고 한다. 소설 〈돈키호테〉의 도로티아나 모차르트의 〈돈 지오반니〉의 돈나 안나의 경우에서도 유사한 상황이 나온다.

　그러나 1막의 춤을 보면, 지젤과 알브레히트가 의자에 나란히 앉아 꽃점으로 서로의 불투명한 미래를 점치는 장면이 나온다. 그들은 서로의 존재를 기뻐하면서 수줍어한다. 이는 결혼을 약속한 깊은 사이의 남녀라기보다는 상당히 내숭스러운, 연애 초기의 행동에 가깝다. 그러나 고티에가 쓴 오리지널 대본에 따르면, 사실 이 장면은 발레에서 묘사되듯이 알브레히트가 지젤에게 구애하는 장면이 아니라 서로의 사랑을 재확인하는 장면이어야 했다고 본다. 대본에 따르면, 지젤은 애인을 보자마자 집에서 뛰쳐나와 망설임 없이 그의 품에 안긴다. 예컨대 지젤은 강한 집착을 보이는 성격으로, 자기 이전에 만났던 여성에 대해서도 질투를 하자 알브레이트는 그녀 외의 그 어느 누

안무 김보라 | 낭만 발레 속 요정의 이상적 여성성을 현대적으로 차용해 현대인의
과장된 예법을 풍자한 작품 〈Thank You〉 | 사진 옥상훈

구도 사랑하지 않겠다고 약속하며 다독인다.

죽은 지젤은 2막에서 죽은 처녀귀신들의 모임인 윌리Wilis에 합류한다. 윌리는 사랑에 배신당해서 죽은 처녀들이다. 푸른 달빛이 비치는 공동묘지, 하얀색 튜튜를 입은 윌리들이 등장한다. 윌리는 마치 신부처럼 하얀 베일을 쓰고 무대 위에 등장한다. 수십 개의 베일은 한순간에 공중으로 날아가 이들이 신부보다는 뱀파이어처럼 무서운 캐릭터임을 암시한다. 윌리들의 움직임과 포즈는 우아하고 유연하지만, 머리부터 발끝까지 클론처럼 동일하며 무표정하다.

이 처녀귀신팀의 리더격인 캐릭터 미르타는 무덤에서 지젤을 불러낸다. 윌리들은 리더의 지시에 의해 군대처럼 일사분란하게 움직인다. 미르타는 발레에서는 매우 드문 캐릭터다. 그녀는 '살려 달라'는 남성에게 가차 없이 죽음을 명령하지만, 닭 울음 소리가 새벽을 알리면 미련 없이 무덤으로 칼퇴근한다. 이성에 대한 복수를 업으로 삼으면서도, 감정에 휩쓸리지 않고 정확하고 분명하게 지시한다.

이 서늘한 처녀귀신들은 왜 남자들을 살해할까? 아쉽게도 오리지널 대본은 충분한 설명을 하지 않는다. 윌리는 결혼 첫날밤을 맞기 전 죽은 처녀들로 소개된다. 윌리는 실피드처럼 길고 하얀 튜튜를 입지만, 사실 순수와는 거리가 먼 사악한 자매들이다. 아름다운 외모에도 불구하고 남자들을 죽음으로 이끄는 마녀성을 지닌다. 그들은 '처녀' 귀신이지만, 과도한 욕망으로부터 시들었다고 해석하는 경우도 있다.

한편 죽은 처녀들이 밤마다 세상을 배회하다가 우연히 마주치는 운 없는 남자들을 죽이러 다닌다는 것은 뭔가 개연성이 없어 보인다. 학자들은 윌리를 슬라보니아의 민속에 나오는 복수에 찬 뱀파이어 같은 처녀 귀신들의 이야기를 연결시킨다. 민담 속에서 애인의 배신으로 억울하게 결혼식 전에 죽은 처녀들은 밤이 되면 남자들을 공격하며 폭주한다. 윌리들이 이성에 대한 잔혹한 복수 집단이라면 지젤은 가입 조건을 갖춘 셈이 된다.

죽음이
춤을 춘다

1막이 지젤의 폭주와 죽음으로 마무리된다면, 2막에서 잔혹하게 살해당하는 것은 지젤을 흠모하던 힐라리온이다. 사실 그가 죽는 장면은 매우 흥미롭다. 윌리들의 살해 방식은, 남성이 죽을 때까지 춤추다가 탈진해서 죽도록 저주를 거는 식이다. 죽음과 춤, 욕망의 폭주라는 결합으로 이 죽음은 에로틱하게 해석되기도 한다.

그는 윌리들이 사선으로 길게 서 있는 앞을 지나가다가 마지막에 두 명의 윌리들에 의해 끌려나가듯 호수에 던져진다. 무용학자 샐리 베인즈는 이 장면이 무분별한 욕망에의 탐닉, 즉, 다양한 파트너와의 성관계와 그로 인한 죽음을 암시한다고 해석한다. 특히 항생제가 개발되기 전, 성병인 매독은 남성들에게 치명적인 질병이었고 실제로 많은 목숨을 앗아갔다. 구스타프 모로 같은 화가는 여성에 대한 두려움을 여성의 악마성으로 그리면서 자신의 혐오를 담았다. 반면 알브레이트는 같은 저주를 받았지만 지젤의 도움에 의해서 살아남는다. 파트너에 대한 성적인 충성과 결혼의 가치에 대한 부르주아의 새로운 결혼 도덕이 엿보이는 대목이다.

사실, '죽을 때까지 춤추게 하는' 윌리의 살해 방법은 기이하다. 중세 기독교적 관점에서 춤은 욕망의 표현이었기에, 춤은 곧 죄악과 연결된다.

안데르센의 동화 〈분홍신〉을 보면, 소녀 카렌은 후견인의 장례식에 분홍신을 신은 죄로 '죽을 때까지 춤추는' 저주에 걸린다. 그 저주로 카렌의 고통이 시작되고 결국 사형 집행인을 찾아가 춤추는 발을 도끼로 자르고 나서야 그 고통이 사라진다. 망나니가 카렌의 발을 자르자 잘린 발은 계속 춤추며 숲속으로 사라지고 죄가 사해진 카렌은 목발을 짚고 교회로 가면서 이야기가 끝난다. 〈분홍신〉은 엄밀히 보면 아이들에게 잠자리 머리맡에서 읽어줄 만한 즐겁고 교훈적인 이야기하고는 거리가 멀다.

　초기 기독교는 로마의 타락한 생활태도를 비판하며 춤을 금지했다. 그러나 높은 문맹률과 영토 확장으로 인한 이교도의 증가로, 교회는 신도들을 교육하고 전도하는 데는 춤이 꽤 쓸 만하다고 생각한다. 교회는 놀이나 공연 형태의 춤은 죄악시하여 금지하지만 예배 형식의 춤은 일부 허용한다.

　중세의 미술과 건축이 기독교와 관련이 깊은 것처럼, 춤도 교회에 봉사하며 성자와 순교자의 삶을 묘사한 무용극이 만들어졌다. 12세기에는 종교 축일에만 춤이 허용되었는데, 교회와 봉건제의 억압에 눌린 사람들이 이때만은 춤추며 즐길 수 있었다. 그러나 교회가 타락하면서 춤추는 것도 죄인으로 간주해 면죄부를 강매하였다.

　200년에 걸친 여덟 번의 십자군전쟁과 페스트의 대유행은 유럽 인구의 몰살과 굶주림을 가져다주었다. 이 시기에 역사상 가장 기괴한 형태의 춤인 무도광이 등장한다. 널찍한 교회 마당, 불멸의 신과 죽음 앞의 나약한 인간이 공존하는 곳에서 사람들은 갑자기 사지를 흔들고 뛰고 괴성을 질러댔다. 이들은 춤추면서 무리를 이루어 이 마을 저 마을로 돌아다녔고, 춤추다가 사지가 뻣뻣해지고 부들부들 떨며 입에 거품을 물고 바닥에 쓰러질 때까지 춤추기를 멈추지 않았다고 한다. 교회는 이 춤을 악마의 것으로 판정했다.

'죽을 때까지 춤추기', 대체 이 현상은 무엇이었을까? 한때, 무도광들이 밀에 기생하는 맥각균에 감염되었다는 주장이 있었다. 맥각균은 마약 성분으로 환상을 보거나 신경수축을 일으킨다. 그러나 학자들은 맥각균 감염은 엄청난 통증과 혈관수축을 일으켜 몸을 움직이기 힘들기 때문에 며칠이나 춤추었다는 무도광의 증세와는 맞지 않는다고 한다.

일반적으로 무도광은 집단적 불안증상이 춤으로 폭발한 것으로 보는 정신병리학적 관점이 주도적이다. 죽음에 반쯤 발을 들인 이들에게, 무도광은 죽음을 담담히 받아들이는 춤이 아니라 삶에 대한 발작의 표현이다. 초기 기독교인들은 사도신경의 구절에 나오듯(몸의 부활과 영생을 믿습니다) 영혼뿐 아니라 몸의 부활도 믿었다. 그러나 그들이 목격한 죽음의 현장에서 인간의 신체는 취약했고, 이런 극한의 상황에서 미치도록 춤을 추면서 부활을 꿈꾼 것인지도 모른다.

〈지젤〉은 낭만적 연애,
혹은 19세기판 아침드라마

다시 지젤의 이야기로 돌아와보자. 〈지젤〉의 제작 과정 뒤에는 흥미로운 이야기가 숨어 있다. 지젤의 대본을 쓴 사람은 프랑스 상징주의의 핵심 인물인 시인이자 저널리스트였던 테오필 고티에이다. 그는 〈지젤〉의 주역이었던 카를로타 그리지Carlotta Grisi를 몹시 사랑했다. 그는 사랑하는 그녀를 위해 지젤의 대본을 썼지만, 그리지는 쥘 페로라는 안무가의 파트너이자 연인이었다. 페로는 원래 〈라 실피드〉의 인기녀 마리 탈리오니의 파트너였지만, 탈리오니는 그의 재능이 자신을 가릴까 두려워 파트너를 거절했다. 파리를 떠나 유럽에 머문 페리는 그리지의 재능을 알아보았다. 페로는 그리지를 자신의 파트너로 데뷔시켰고, 그녀의 안무가이자 애인이 되었지만 결혼하지는 않았다.

한편, 고티에는 그리지를 인생의 사랑으로 여겼으나 그리지는 반응하지 않았다. 그는 대신 그녀의 여동생인 가수 에네스티나Ernestina와 결혼했고 '착한 테오'라고 불리며 그럭저럭 성실한 남편으로 평생을 지냈다. 하지만 죽음을 맞는 순간에 그가 부른 이름은 처형인 카를로타 그리지의 이름이었다.

〈지젤〉이 낭만주의 특유의 사랑의 영웅을 노래하고는 있지만 작품에 대한 해석은 시대마다 다르다. 최근의 무용학자들은 〈지젤〉이 프랑스혁명 이후의 사회계층간의 이동과 변화를 반영한다고 지적한다. 조엘렌 메글린은 지젤을 정치적이고 계급적인 메타포로 해석한다. 예컨대, 남성을 살해하는 윌리는 프랑스혁명에서 보듯 자신의 손에 피를 묻히면서 정의를 이루고자 하는 분노한 대중이다. 한편, 자신의 잘못을 뉘우치는 알브레히트는 사면된 프랑스 전제군주제이며 지젤은 복수심에 찬 대중으로부터 모두를 위로하는 성숙한 캐릭터라는 것이다.

19세기 말은 여성의 권리에 대한 요구가 커지고 있었지만, 발레에서 여성의 파워는 두렵기보다는 매력적으로 그려진다. 낭만 발레는 여성 무용수들의 시대였다. 그러나 파리오페라극장의 무용수들은 노동계급의 여성이었고 그들의 가난은 성적인 학대와 착취를 가능하게 했다. 극장이 부르주아 관객을 대상으로 하면서 일상복의 변형이었던 무용복은 점점 노출이 심해졌다. 이들은 무대 위에서는 요정이고 사랑에 충실한 소녀지만 무대 아래에서는 꽤나 유동적인 도덕성을 지닌 가난한 소녀들이었다. 부유한 부르주아들은 발레리나들의 스폰서가 되었고 고가의 선물은 물론 스폰서가 캐스팅에 관여하는 일도 벌어졌다. 드가의 작품 〈발레수업〉에서 우리는 안무가 쥘 페로가 스튜디오의 정중앙에 위치하고 있고 어린 무용수들의 가족들이 딸을 보호(혹은 소개)하기 위해 연습실 안에 대기하고 있는 모습을 볼 수 있다.

움직임이라는 측면에서 보면, 낭만 발레를 거치며 발레는 엄청난 발전을 이룬다. 무엇보다 여성 캐릭터가 복합적이고 주도적인 성격을 갖게 되면서 다리와 발의 동작이 매우 정교해진다. 이러한 동작은 캐릭터의 섬세함, 정신력, 적극성을 잘 표현한다. 프랑스에서 발레는 점차 쇠퇴하게 되지만 발레 예술가들은 유럽의 마지막 전제군주제였던 러시아로 몰려들었다.

19세기 말 러시아 황실 발레에서 차이코프스키라는 걸출한

음악가와 함께 안무가 마리우스 프티파는 발레의 가장 중요한
레퍼토리들을 완성한다. 바로 〈백조의 호수〉, 〈잠자는 숲속의
미녀〉, 〈호두까기 인형〉이다. 발레는 황실의 예술로 돌아가지만,
놀랍게도 여성 캐릭터는 이전보다 더욱 강해지고 당당해진다.

〈백조의 호수〉가 지닌 비밀

　〈백조의 호수〉는 100년이 넘는 동안 세계적인 사랑을 받는 작품이 되었다. 독일의 민속에서 가져온 '밤에만 인간으로 변신하는 백조공주'라는 상상, 아름다운 소녀와 왕자의 만남이라는 고전적 러브스토리, 역경 속에서도 우아함과 명예를 잃지 않는 주인공의 캐릭터, 작품 전체를 관통하는 비극적 아름다움이 시대를 뛰어넘는 매력을 지닌다.

　이 성공에는 드라마틱한 발레 음악을 작곡한 차이코프스키의 음악을 빼놓을 수 없다. 당시의 발레 음악은 작곡가들에게 인기 있는 분야는 아니었다. 당시의 관행을 보면, 발레 음악 작곡가들은 안무가의 요청대로 적당한 길이의 춤 곡을 이어붙여 춤추기에 적절하게 만드는 데 만족했다.

차이코프스키는 춤을 보조하는 진부한 작곡방식을 뛰어넘어 캐릭터와 작품의 주제를 섬세하게 묘사하는 극적인 음악을 만들었다. 하지만 〈백조의 호수〉의 초연(1877년 율리우스 레이징어 안무)은 실패에 가까웠다. 차이코프스키의 동생인 모데스트의 기록에 의하면, 초연의 지휘자였던 스테판 라야보브는 아마추어 실력을 간신히 벗어난 인물로 '그렇게 복잡한 악보는 난생 처음 마주한 게 분명한 실력'이었고, 무용수들은 익숙하지 않은 패턴의 새로운 음악에 맞추느라 어려워했다.

첫 오데트 역을 맡은 펠라지아 카르파코나는 고위 관리의 애인으로 주역 자리를 꿰찼으나, 불행하게도 이 드라마틱한 캐릭터를 소화할 표현력과 기본기가 없었다. 다음 공연에서 오데트 역할은 안나 소베스찬스카야로 바뀌었으나, 34세를 맞아 이미 최고의 전성기는 지나간 후였다. 당시의 리뷰는 안무에 대해 단순히 '체조 운동의 배열 같은, 놀라운 기술'을 보였다고 빈정댔다.

작품의 성공에 무용수의 역할은 핵심적이다. 당시 테크닉이 매우 뛰어난 무용수들은 대개 이탈리아 출신이 많았다. 이탈리아 출신의 피에리냐 레냐니Pierina Legnani는 주역과 악역인 백조와 흑조를 모두 춤추었다. 원래 이 역할을 1인의 무용수에게 디자인한 것은 아니었지만, 그녀 이후로 전통으로 자리 잡게 된다. 레냐니는 흑조를 연기하며 자신의 장기였던 강력한 32바퀴의 푸에테 테크닉Fouetté(한발로 서서 채찍질 하듯이 연속적으로 도는 것)을 선보였다.

음악에 대한 이해가 깊었던 안무자 마리우스 프티파는 초연의 미지근한 성적이 음악 때문이 아님을 깨달았다. 불행히도 〈백조의 호수〉의 성공은 작곡가의 죽음 이후에 온다. 프티파는 차이코프스키 추모공연인 1894년에 백조들의 군무 장면인 2막을 선보였고, 이듬해 대대적인 수정이 가해진 전막을 올렸다. 프티파를 위해 일하던 음악가 리차드 드리고는 차이코프스키가 자신의 음악이 악보 그대로 연주되길 희망하였던 것을 무참히 짓밟으며 안무가의 요청에 따라 음악을 대폭 수정했다.

차이코프스키는 이 작품의 비극성을 서막에서부터 강렬히 암시한다. 당시의 일반적인 관습은 늦게 도착한 관객의 착석을 배려하여 생기발랄한 서막을 연주하는 것이었다. 하지만 차이코프스키는 이례적으로 백조의 주제 파트를 전면에 앞세우며 드라마의 서정적 비극을 강렬하게 예고한다. 처음으로 발레 음악에 뛰어든 차이코프스키의 개인적 열망은 〈백조의 호수〉에서 강렬하게 드러난다. 그는 자신의 동성애적 성향을 숨겨야 했고, 자신의 행복하지 않은 삶에서 탈출구를 갈망했다. 그의 시대의 발레는 우아하고 화사하며, 현실은 최소한으로 개입되었다. 그가 평생 가질 수 없었던 아름답고 따뜻한 여성의 환대가 끝없이 펼쳐지는 무대였다.

차이코프스키의 대본을 살펴보면, 스물한 살의 생일을 코앞에 둔 지그프리드는 행복한 왕자는 아니다. 왕자로서 지켜야 할 질서와 고정된 미래를 상징하는 어머니에게 그는 무력한 저항을 보인다. 친구들과 와인을 마시다 어머니가 오자 황급히 술자리를 숨긴다. 그는 방종에 대한 경고어린 잔소리를 감내해야 하며 결혼 상대 선택에 대한 강요를 받는다. 어머니가 자리를 뜨자, 지그프리드는 근심 없는 시대는 이미 지나갔다고 선언하고 친구들의 위로를 받는 철 없는 20대다.

흥미롭게도, 익숙한 현실적 책임 앞에서 무력했던 젊은 왕자는 비현실적 사랑을 위해서는 위협적인 마법에 강렬히 저항한다. 그는 기분전환을 위해 나간 사냥에서 그가 태어나 만난 '가장 아름다운 피조물'을 보는 순간 사랑에 빠진다.

백조, 우아함의 상징처럼 불리는 오데트의 배경은 매우 흥미롭다. 오늘날 발레에서는 오데트는 악마 로스바르트의 마법에

〈백조의 호수〉 백조 파드되(황혜민, 엄재용)
사진제공 유니버설발레단 | 사진 김경진

걸려 낮에는 백조, 밤에는 인간의 모습으로 돌아온다. 하지만 차이코프스키의 대본을 보면, 새로 변신하는 이 아름다운 처녀의 성장 배경은 조금 복잡하다. 오데트는 마법적 힘을 지닌 어머니와 왕이었던 아버지 사이에서 태어났는데, 어머니는 멋진 기사와 사랑에 빠져 어린 딸과 남편을 두고 떠난다. 실의에 빠진 아버지는 딸을 방치했고 계모에게 맡긴다. 계모는 사악한 마녀였고 의붓딸을 죽이려고 호시탐탐 기회를 노린다.

오데트를 돌보는 것은 마법의 힘을 지닌 외가다. 내러티브는 백조의 서식지인 호수가 딸과 손녀의 기구한 사연에 외조부가 흘린 눈물로 이루어진 곳이라고 기록한다. 오데트는 계모의 저주로 새가 된 것이 아니라 저주를 피해 스스로 백조로 변신하여 몸을 숨긴다. 공주의 지위에 맞게 32명에 달하는 시녀들이 마치 순장되듯 처지를 함께한다.

원래의 대본과 오늘날의 발레가 공통적인 것은 마법을 깨는 주문이다. 오데트는 죽음을 담보로 한 사랑의 맹세를 통해서만 이 저주를 깰 수 있다. '사랑의 맹세'는 매우 로맨틱하게 들리지만, 이는 사실 결혼서약과 다르지 않다. 어마무시한 저주와 복잡한 과거, 공주라는 지위에도 불구하고 여성을 구원하는 것이 '결혼'이라는 사실은 흥미롭다. 오데트는 타인의 선택에 의해서만 이전의 삶으로부터 단절되어 인간답게 살 수 있다.

〈백조의 호수〉 마지막 장면(황혜민, 콘스탄틴 노보셀로프)
사진제공 유니버설발레단 | 사진 이민옥

오늘날의 발레 버전에서 계모는 등장하지 않지만, 흑조인 오딜이 악의 여성 캐릭터를 대신한다. 한 명의 무용수가 백조라는 캐릭터를 정반대로 구현하는 것은 매우 흥미롭다. 오데트의 날갯짓하는 팔, 아래로 떨어뜨린 시선, 남성 주인공의 품 안으로 달려가는 동작은 그녀가 상처받기 쉬우며 순종적인 여성이라는 것을 표현한다. 반면, 오딜의 단호한 팔의 동작과 스텝의 사용, 압도적인 권위, 정확한 테크닉, 날카로운 동작과 맞아떨어지는 음악성은 오딜의 사악함과 독립성을 드러낸다.

백조,
사느냐 죽느냐의 문제

클래식 발레는 19세기 말 전제군주제의 지원으로 완성되었
고, 발레는 황실의 자산이었다. 파리오페라극장의 무용수들이
적은 월급에 쪼달리며 스폰서의 유혹에 취약했던 것과는 달
리, 러시아극장 무용수들은 적절한 교육과 돈, 공무원 신분으
로 연금까지 보장받았다. 황실은 발레 무용수들을 아꼈다.

조지 발란신은 열두 살 때 〈파라오의 딸〉이라는 작품에서
주인공의 원숭이 역할을 춤추었는데, 공연이 끝나자 황제는 어

린 무용수들의 등을 두드리며 황실 문양의 박스 초코렛을 선물했다고 한다.

그러나 1917년, 차르의 통치를 무너뜨린 3월혁명과 최초의 사회주의 정부를 탄생시킨 11월혁명은 전제군주제의 사회문화적 유산을 모두 파괴하고 새로운 국가를 건설하고자 했다. 사실 〈백조의 호수〉는 사회주의가 타파하고자 하였던, 호화스러웠던 황실 발레의 미학적 전통과 취향이 듬뿍 담긴 작품이다. 그러나 혁명 후 폐기되는 대신, 소비에트 연방에서 가장 대표적인 문화유산으로 추앙받으며 역대 권력자들의 돈독한 신임을 받았다. 스탈린은 발레를 좋아했고, 〈백조의 호수〉를 서른 번이나 보았다고 할 정도로 각국의 정상과 외교관들에게 자랑스럽게 선보였다. 대체 어떻게 발레가 소비에트 연방의 스탈린 치하에서 살아남았을까?

발레는 다른 모든 문화예술과 마찬가지로 정치적인 검열을 피할 수 없었다. 놀랍게도 〈백조의 호수〉는 그 결말이 완전히 뒤바뀌게 되는데, 더 놀라운 것은 사람들이 이를 눈치채지 못한다는 점이다. 〈백조의 호수〉는 정반대인 두 개의 결말이 공존하는 작품이다.

우선, 차이코프스키의 대본에서 이 커플은 익사한다. 왕자는 계획이 실패한 것을 알고 오데트를 보호하는 그녀의 왕관 (코로넷)을 물 속으로 던져 넣는다. 마법의 힘을 지닌 코로넷은 곧 떠올라 두 연인을 물속으로 끌고 들어간다.

프티파의 발레 버전(프티파는 다른 작품과 달리, 차이코프스키 사후에 안무를 시작했다)에서는 두 연인의 강렬한 비극성이 한층 강조된다. 오데트는 왕자가 엉뚱한 여자와 사랑을 맹세하자 악마가 백조 처녀들과 자신을 헤칠 것을 예감한다. 왕자가 헐레벌떡 달려와 용서를 구하고 오데트는 화해한다. 그 후 오데트는 갑작스럽게 무대를 가로지르며 호수에 몸을 던져 자살하고, 그녀가 없는 삶을 거부하며 지그프리드 역시 호수에 몸을 던진다. 로스바르트의 마법은 곧 힘을 잃고 죽고, 영웅적인 주인공의 희생에 의해 백조 처녀들은 자유의 몸이 된다. 하지만 죽음은 비극이 아니다. 투명한 막의 그림자 사이로 끌어안은 두 연인은 영원히 행복한 삶으로 가는 마법의 돛단배를 타고 있다. 마법 앞에 무력했던 소녀와 규칙과 법규에 소심했던 소년이 영웅적 희생을 통해 성장하고, 그들의 죽음은 신격화된 영혼의 결합으로 그려진다.

스탈린이 수백만 명을 대숙청하는 공포의 시기였던 1930년대에는 발레 역시 살벌한 검열을 피할 수 없었다. 발레작품은 등급에 따라 폐기되거나 공연의 빈도를 허락을 받을 수 있었다. 〈백조의 호수〉 역시 사회주의 리얼리즘으로부터 자유롭지 못했다.

1933년 키로프발레단의 예술감독이었던 아그리피나 바가노바는 사회주의 혁명가인 맥심 고리키의 소설 〈19세기 한 젊은이의 이야기〉에서 영감을 얻었다. 바가노바는 왕자를 준비된 상속자가 아니라 몰락해가는 왕족 가문의 우울한 젊은이로 설정한다. 새와 사랑에 빠질 만한, 우울하고 로맨틱한 환상에 사로잡힌 캐릭터로 해석했다. 왕자는 마치 혁명이 오래된 악(전제 군주제)을 무찌르듯, 악마를 죽이고 연인과 함께 행복하게 살게 된다. 실제로 몇 작품들의 피날레를 보면, 날개가 뜯겨 쓰러진 악마 로스바르트를 마치 전리품인 듯 옆에 둔 채, 두 연인의 위풍당당한 포즈로 발레가 끝나는 경우도 있다.

오래된 악과 싸워 현실에서 승리를 쟁취하는 젊은이의 캐릭터는 소비에트의 이념과 잘 부합한다. 이 수정된 결말은 정치적 이념에는 부합하였으나, 문제는 다른 곳에서 발생했다. 차이코프스키는 애초에 주인공의 장렬한 죽음으로 결말을 구상했는데, 4막의 절정 부분은 지그프리드가 악마와 싸우고 승리하는 장면을 삽입하기에는 음악의 길이가 충분하지 않았다. 이 뒤바뀐 결말의 해피엔딩을 만들기 위해 안무가는 종종 급하게 전투신과 해피엔딩을 밀어부친다. 발레단에 따라 악마 로스바르트를 무대 아래로 구겨서 밀어넣기도 하고, 갑작스러운 드라이아이스의 등장으로 장면 전환을 꾀하기도 한다.

흥미롭게도 발레단이나 안무가마다 백조, 왕자, 악마의 사인死因과 결말이 조금씩 달라 피날레만 비교해보는 것도 상당히 흥미롭다. 두 연인이 함께 죽거나 함께 사는 경우 외에도 장렬한 전투 끝에 악마와 왕자만 죽는 경우, 혹은 오데트가 악마에게 조종당하며 악의 승리로 끝나는 경우도 있다.

한편, 해피엔딩은 여전히 러시아 발레단들과 서구 곳곳에서 유지되는데 영향력이 끝난 사회주의의 이념보다는 어찌되었든 행복하게 끝나고야 마는 디즈니의 영향으로 느껴진다. 하지만 이 해피엔딩이 항상 관객을 만족시키는 것은 아니다. 평론가들은 이 급작스런 결말이 두 시간 동안 쌓아놓는 캐릭터를 순식간에 무너뜨리고 우스꽝스럽고 단순한 요정 이야기로 바꾼다며 비난하기도 한다.

스탈린 시대의 문화 홍보에서 여성은 사랑, 명예, 복종 등 인민의 이상적 태도를 보여준다. 〈백조의 호수〉의 오데트 역시, 시놉시스상의 수동성에도 불구하고 발레의 초인적인 테크닉과 포즈, 자세, 스텝, 시선 등의 움직임을 통해 강력한 여성의 캐릭터를 구축한다. 사실 오데트는 귀족 태생임에도 불구하고 저주받은 현실의 약자로서 관객의 공감을 산다. 그녀는 로스바르트

〈백조의 호수〉 흑조 파드되(홍향기, 강민우)
사진제공 유니버설발레단 | 사진 김경진

의 악과 지그프리드의 잘못된 선택을 끌어안으며 자신을 따르는 백조 처녀들, 즉, 대중을 위해 자신을 던지는 열정적인 리더다. 사회주의 리얼리즘은 현실의 난관에 부딪혀 투쟁하는 열정적인 주인공을 필수로 한다. 수정된 결말에서, 자신의 목표를 이루고 현실의 보상을 획득하는 이 커플은 영웅적 캐릭터로 손색없어 보인다.

〈백조의 호수〉의 뒤바뀐 결말은 정치와 이념에 대한 패배나 굴복으로 간주되어야 할까? 사실은 그렇지 않다. 민주주의가 엘리트의 어리석음을 비판하는 예술을 더 찾는 한편, 군주제 지지자들은 권력자를 어려워하고 숭배하는 시각적 효과에 더 매진한다. 북한의 춤이 그 화려한 기교에도 불구하고 '예술'이라는 단어를 붙이기에는 망설여지는 것을 생각해보라. 스탈린이 해외 정상들이 방문할 때마다 〈백조의 호수〉를 관람하게 했다는 것은, 사회주의 독재가 어쩌면 군주제의 강압적인 성격과 실은 잘 부합함을 보여준다.

〈잠자는 숲속의 미녀〉는
어떻게 완벽한 여성이 되었나

발레 〈잠자는 숲속의 미녀〉는 사악한 마녀, 아름다운 공주, 첫눈에 빠지는 사랑, 멋진 왕자의 키스로 이루어지는 사랑과 구원의 드라마다. 1890년 러시아 황실의 든든한 후원 아래(마리우스 프티파 안무, 차이코프스키의 음악) 만들어진 작품으로 오늘날까지 사랑받는 레퍼토리다.

발레의 이야기는 1679년 샤를 페로의 동화집에 수록된 동명의 이야기 〈La Belle Au Boid Dormant〉를 토대로 한 것으로,

20세기에 와서는 디즈니의 애니메이션이나 영화로도 익숙하다. 귀하게 얻은 공주의 탄생을 축하하는 잔치에 초대받지 못한 악한 요정(카라보스)이 공주가 16세 생일에 물레에 찔려 죽을 거라고 저주를 내리지만, 착한 요정의 도움으로 공주와 성이 100년 동안 잠에 빠지고 왕자의 키스로 깨어나 결혼하는 이야기다.

그런데 왜 이 19세기 러시아 황실 발레가 17세기 프랑스 귀족들의 교육을 위해 쓴 동화를 발레의 대본으로 삼았을까. 사실 19세기는 푸슈킨을 필두로 투르게네프, 도스토옙스키, 톨스토이 등 러시아 문학의 황금기였다. 하지만 차르의 그늘 아래 성장한 발레는 러시아 농민의 암울한 현실이나 인간의 다면성을 묘사하는 러시아 문학보다는, 명랑하고 교훈적이며 황실의 세계관을 재확인시키는 프랑스의 귀족문학을 선택했다.

러시아에서 네 명의 차르를 섬기면서 42년간 54개의 작품을 안무한 마리우스 프티파는 사실 프랑스 출신이었다. 그가 일했던 마린스키의 극장감독은 프랑스 발레를 표상으로 삼고 존경심을 표했다. 프티파의 조수로 〈백조의 호수〉의 백조군무를 안무한 천재 레브 이바노프는 내국인이라는 이유로 그의 실력을 인정받기 어려웠다. 또한 당시 러시아와 프랑스가 맺으려던 정치, 군사적 화친협약(1891~1984)은 이 작품의 배경을 프랑스 최전성기의 황실로 설정하는 데 중요한 동력이 되었다. 가장 사치스러웠던 루이 14세의 프랑스 황실을 구현하면서, 이 발레는 가장 비용이 많이 든 레퍼토리가 되었다.

왜 〈잠자는 숲속의 공주Sleeping Princess〉가 아니라 〈잠자는 숲속의 미녀Sleeping Beauty〉일까? 주인공 오로라의 신분은 평민이 아니라 공주지만, 종종 '잠자는 숲속의 공주'로 번역되는 우리와는 달리, 서구에서는 '미녀belle/beauty'로 지칭된다. 발레에 나오는 '오로라'라는 이름은 1959년 디즈니의 애니메이션에서도 나오는데, 사실 페로의 동화에는 등장하지 않는다. 오로라는 공주가 낳은 딸의 이름, 오르Aurore(여명)에서 온 것으로 추측된다.

페로의 이야기들은 대개 완벽한 귀족이 되는 방법의 지침으로 여겨져 17세기 프랑스 궁정의 아이들에게 도덕적 교훈을 주는 교재처럼 쓰였다고 한다. 특히 〈잠자는 숲속의 미녀〉는 적당한 결혼 상대자를 고르는 것에서부터 결혼 과정에 이르기까지 '적당한 남성이 나타나 그녀의 미덕을 알아보고 선택해 결혼할 때까지' 소녀들에게 인내심이라는 미덕을 가르친다. 〈잠자는 숲속의 미녀〉가 개인의 모험이나 행운이 아니라 아름다운 여성이 되는 법, 즉 '완벽한 여성'이 지녀야 할 중요한 자질들을 설명한다.

본래 〈잠자는 숲속의 미녀〉의 원작은 두 개의 파트로 이야기가 구분된다. 제1편에서는 왕자와 결혼할 때까지의 이야기를, 제2편에서는 두 명의 아들을 낳고 남편의 성城(시댁)으로 돌아가지만, 마녀인 시어머니가 아이들과 미녀를 잡아 먹으려 하는 고난이 담겨져 있다. 포동포동한 손주들을 본 마녀 할머니는 사랑보다는 식욕을 먼저 느낀다. 그녀는 요리사에게 아이들을 로베르소스(17세기 프랑스에서 유행한 머스터스소스)에 곁들여 요리하라고 명령한다. 며느리와 손주를 잡아먹으려는 시어머니 이야기란 러브스토리만큼이나 다분히 시공을 뛰어넘는 상징과 은유에도 불구하고 발레로 만들기란 쉽지 않았을 것이다.

원작이나 음악을 자기 마음대로 각색하는 데 두려움이 없었던 안무가 프티파는 이야기를 뚝 잘라 동화적 내용만 남겼다. 발레의 피날레는 페로의 동화주인공들 ― 장화 신은 고양이, 파랑새, 빨강 망토 등 ― 이 참석하는 행복한 결혼식으로 훈훈하게 마무리된다. 무시무시한 시어머니나 시집살이의 고됨, 식인의 모티브와 카니발리즘Cannibalism 등 어두운 부분은 삭제했다. 물론 죽은 여자를 보고 사랑에 빠지는 왕자의 네크로필리아나, 공주가 혹시라도 깨어났을 때 돌봐주도록 궁궐의 무수한 사람들을 죽음 같은 잠으로 이끄는(마치 순장을 연상시키는) 전제군주제의 잔혹함은 화려한 장식으로 잘 가려져 있다.

발레는 공주가 탄생한 세례식을 프롤로그로 시작한다. 공주

〈잠자는 숲속의 미녀〉 중 라일락요정과 다섯 요정들의 춤
사진제공 유니버설발레단 | 사진 김경진

의 부모들은 매우 예의바른 어른으로, 황금접시가 모자른다는 모호한 이유로 딸의 탄생 축하연에 악한 요청을 하지 않는다. 참석한 요정들은 당시의 관습에 따라 선물을 주는데, 오로라 공주가 '완벽한 여성'이자 군주로 성장할 수 있도록 각자의 능력을 활용해 축복을 내려준다. 페로의 이야기에서 공주가 받는 축복은 '아름다운 용모와 자태, 천사 같은 영혼, 모두가 경탄하는 우아함, 춤추는 재능, 음악적 재능, 노래하는 재능'으로 17세기 신부수업이 지향했음 직한 가치들을 보여준다. 하지만 동시에 미인의 요건이 단지 아름다운 얼굴이 아니라 재능과 품성 등 다양한 것이라는 것을 알 수 있다.

한편, 자산계급의 영향이 시작된 19세기 그림 형제의 버전에서는 재산이 포함되고, 발레 버전에서는 풍요를 상징하는 빵부스러기 요정의 춤이 등장한다. 즉, 유럽사회의 지배계층이 귀족에서 부르주아 계급으로 이양되면서 물질적 풍요는 여성에게 부가되는 미덕으로 자리 잡는다.

〈잠자는 숲속의 미녀〉는 구원을 바라는 여성의 수동성이라는 점에서 많은 비판을 받아온 이야기다. 하지만 이 발레를 들여다보면, 그 단순한 내러티브에도 불구하고 오히려 여성연대의 도움으로 역경을 극복하는 주체적이고 자율적인 여성을 발견할 수 있다.

페로의 동화에서 어른이 된 오로라는 선물받은 재능 이외에
도 생기발랄함, 신성한 빛이 감도는 고귀함, 이야기 솜씨, 참을
성, 온순함이 강조된다. 발레 속 공주는 동화보다 더 복합적인
캐릭터이자 통솔력 있는 여성 리더로 업그레이드된다. 발레 속
공주는 차세대 리더로서의 권위, 명령하는 능력, 지성, 유창함,
열정을 부여받는다. 오로라는 선천적으로 수여된 지위와 축복
을 통한 생득적 외모에 만족하지 않고 내면의 아름다움을 획
득하며 성장하는 모습을 보여준다.

요정 캐릭터들은 각각 선물의 특징을 상징하는 움직임들을
선보인다. 요정들의 솔로는 실은 오로라에 대한 교육이 어떻게
진행될지를 보여주며 이후에 등장할 오로라 캐릭터의 묘사다.
흥미롭게도 당시 러시아는 서유럽보다 여성의 대학교육과 고등
교육에 대해 진보적이었고 법학, 과학, 의학, 교육 등 여러 분야
에서 여성의 진출이 시작되고 있었다고 한다.

첫 번째 순수요정은 아름다움과 순수함을, 두 번째 밀가루
요정은 우아함과 에너지를, 세 번째 빵부스러기breadcrumb(러시아
민속 문화에서 아이가 굶주리지 않고 풍요롭게 살기를 축복하는 전
통적 선물)요정은 풍요, 너그러움, 다산의 축복을, 카나리아요정
은 유려한 말솜씨를, 격렬함의 요정은 힘, 열정, 명령을 내리는
능력을, 마지막으로 라일락요정(러시아 풍습에 어린아이를 라일

락 아래에 두면 지혜롭게 된다고 믿음)은 지혜를 선사한다.

16세가 된 오로라는 자신의 성인식에서 춤을 추는데, 네 명의 구혼자들과 돌아가면서 춤을 추며 '선택하는' 여성으로서의 당당함을 보여준다. 그녀는 남자 파트너들의 가슴팍으로 뛰어들거나(백조처럼) 기대는 대신, 스스로 춤을 적극적으로 이끌어간다. 그녀가 남성의 지지를 받을 때는, 혼자서는 불가능한 엄청난 발란스 감각과 힘을 과시하는 동작에서뿐이다. 오로라는 성인이자 군주로서 권위, 자율성을 인식하고 스스로를 통제하는 능력을 보여준다.

19세기 말에 만들어진 이 발레 캐릭터는 '결혼'이라는 목표 의식에서 전적으로 벗어나지는 못했다. 하지만 '아름다움이 여성의 속성인 것처럼, 지성은 남성의 것이다'라고 보았던 페로의 고루한 관념으로부터는 매우 앞선 모델로 보인다.

〈호두까기 인형〉: 내 안의 아이 그리고 성공한 노스탤지아

〈호두까기 인형〉은 매년 크리스마스가 되면 전 세계에서 무대에 올려지는 작품이다. 부모들이 크리스마스 시즌이 되면 어린 아이들과 함께 관람하는 작품으로, 추천 관람 연령도 다른 공연과 달리 낮아 만 4~5세 이상이면 볼 수가 있다. 그래서 아이들이 최초로 보는 라이브 공연 경험이 되는 경우도 많다.

조지 발란신 버전을 올리는 뉴욕시티발레단의 경우 〈호두까기 인형〉이 1,200만 달러의 수입을 올려 발레단 1년 수익의 45%를 차지한다. 예술감독이 〈호두까기 인형〉이 없는 것을 상상하기 힘들다'고 할 정도다. 평균 발레단의 티켓 점유율이 74% 내외라면 〈호두까기 인형〉의 티켓 점유율은 92%에 육박한다. 미국 중산층 가정이 자녀들과 이 발레를 보고 저녁 외식을 하고 오는 하룻밤의 비용이 한 달의 모기지 비용과 맞먹는다는 조사 결과도 있다. 각 발레단마다 경쟁도 치열해서 뉴욕에만 무려 20개가 넘는 단체가 〈호두까기 인형〉 공연을 올린다. 어떻게 이 오래된 발레가 크리스마스 발레 혹은 성장드라마로 전 세계를 휩쓸게 된 것일까?

클래식 발레는 그 화려한 구성과 매력적인 캐릭터에도 불구하고 동화적 스토리 구조로 인해 내러티브의 개연성이 탄탄하지 않은 경우가 있다. 정작 전공자들조차 이 익숙한 이야기의 개연성이 모호하게 느껴질 때가 있는데, 그 최고봉을 꼽으라면 단연 〈호두까기 인형〉이다.

〈호두까기 인형〉은 독일 작가 E.T.A 호프만이 1816년에 쓴 〈호두까기 인형과 생쥐왕〉이라는 동화에 기반하고 있다. 〈잠자는 숲속의 미녀〉가 성공한 이듬해, 안무가 프티파는 이 기묘한 이야기에 관심을 가지게 된다. 그러나 원작의 어두움과 시간여행, 액자구성은 발레로 만들기 쉽지 않았다. 그는 어린이를 대상으로 각색한 알렉산더 뒤마의 〈호두까기의 이야기〉를 기초하고, 이 이야기를 매우 간결하게 만들었다. 덕분에 복잡하고 심리적인 성장드라마는 밝고 간결한(다소 지나쳐서 개연성을 상실한) 판타지로 변신했다.

크리스마스 파티에서 소녀 마리는 드로셀마이어 아저씨에게 호두까기 인형을 선물받는다. 남동생은 인형을 망가뜨리고 마리는 인형을 돌봐주다 잠이 드는데, 생쥐 떼가 나타나 호두까기 인형과 장난감들이 전투를 벌인다. 마리는 인형을 도와 생쥐 떼를 물리치고, 발레에서는 호두까기 인형이 감사의 뜻으로 마리를 과자나라로 여행을 인도한다. 2막은 화려한 과자나라의 퍼레이드 같은 춤이 이어진다. 사탕요정(Sugar Plum Fairy: Sugar plum은 사탕인 dragée의 일종)은 사탕의 발레적인 의인화로, 달콤하고 매력적이며 사랑스러운 캐릭터다. 사탕요정은 마리를 환영하고, 마리는 공손하게 앉아 수동적으로 춤의 향연을 관람한다. 아라비아의 커피, 중국의 차, 꽃의 왈츠에 이어 사탕요정의 화려한 춤이 끝나면, 마리는 꿈에서 깨어나 현실로 돌아온다.

원래 호프만의 원작은 소녀의 달콤한 꿈이 아니라 고통스러운 성장소설에 가깝다. 마리는 어른들이 믿어주지 않는 판타지와 현실 세계를 반복적으로 오가며 호두까기 인형을 위해 자신을 희생하고 싸워야 하며, 호두까기 역시 자기 세계의 사연이 복잡하게 연결되어 있다.

우선, 이 발레는 주인공과 주역 무용수의 불일치가 충돌한다. 1막의 주인공은 소녀 마리(혹은 안무가에 따라 클라라)고, 2막의 가장 중요한 춤은 사탕요정이 맡고 있다. 안무자에게는 두 가지의 선택이 존재한다. 초연에서처럼 마리를 어린 소녀로 등장시키고, 2막의 춤 부분에서는 성인인 사탕요정이 등장해 춤을 소화하는 것이다. 이 경우, 주인공인 마리는 2막에서 의자에 병풍처럼 앉아 있고 대신 성인 무용수가 춤 부분을 모두 채우게 된다.

주인공과 춤추기의 분리를 막기 위해 고안되는 것이 두 번째 방법으로, 성인 무용수가 1막에서는 소녀의 모습을 연기하고 2막에서는 춤을 소화하는 방법이다. 대개 발레 캐릭터들이 16세의 공주나 요정임을 감안하면, 발레리나들의 호리호리한 외모와 날렵한 움직임은 소녀와 여성을 오가는 역할을 큰 괴리감 없이 완수한다. 그러나 관객들은 1막 내내 성인 무용수가 어깨 높이의 소녀 친구들과 발랄하게 뛰노는 장면을 견디며 인지부조화를 경험한다. 성인 무용수는 1막에서는 인형을 재우고 남동생과 싸우며 쥐왕에게 슬리퍼를 던지다가, 2막에서는 사탕요정 캐릭터를 흡수하여 호두까기가 변신한 멋진 기사님과 고난도의 2인무를 완수한다.

〈호두까기 인형〉 1막 중 쥐 떼의 습격을 받은 마리(이지선)
사진제공 국민대학교 종합예술연구소(연출:문영)

주인공들을 판타지의 세계로 인도하는 눈송이 왈츠
사진제공 유니버설발레단 | 사진 김경진

1막의 상당 부분은 크리스마스 파티의 흥겨운 부분을 묘사하는데, 마리가 선물로 받은 호두까기 인형과 쥐왕과의 전투가 시작되면 발레의 속도는 빨라진다. 마리는 슬리퍼를 던져 호두까기 군대를 도와주고, 아름다운 눈송이요정들의 군무가 펼쳐지면서 크리스마스 파티장이었던 무대 위는 판타지로 향하는 길목이 된다. 하지만 드로셀마이어와 호두까기 인형의 정체, 쥐왕은 왜 공격하는지, 사탕나라로의 여행은 왜 가는가 등의 질문에 대한 답을 듣지 못한 채, 관객은 놀이동산의 퍼레이드처럼 화려한 춤의 퍼레이드로 이끌려가게 된다.

　비평가들은 프티파가 스토리와 주제를 극단적으로 간소화하여 이 발레에는 주제의식을 찾기 어렵다고 비판했다. 무대가 끝나면 관객들은 '이 작품의 포인트가 무엇이었나, 이 작품을 상식적으로 이해하기 위해 놓친 게 있었나'라는 의문을 갖게 된다. 롤랑드 와일드는 〈호두까기 인형〉은 단순한 어린이 동화처럼 남았고, 어떤 은유나 상징도 포함하지 않는다고 지적한다.

　재미있는 것은, 장장 42년간 발레 마스터로 일하던 프티파와 작곡가 차이코프스키와의 작업 방식이다. 프티파는 이 음악가에게 극단적으로 디테일한 묘사와 길이, 템포에 대한 지시를 내렸다고 한다. 차이코프스키가 1891년, 극장의 감독에게 쓴 편지의 내용을 보면, 그가 얼마나 이 창작작업에 시달리고 있

〈호두까기 인형〉의 군대와 쥐왕과의 전투 장면
사진제공 유니버설발레단 | 사진 김경진

는지 여실하게 드러난다.

'호두까기, 그 이미지들 … 잠잘 때나 걸을 때나 나를 공포스럽게 하고 겁먹게 하고 나를 쫓아오고 있소 … 내가 절대 이것을 끝내지 못할 거라고 나를 비웃는 듯하오.' 차이코프스키의 이 같은 고뇌는 이 대본에 만족하지 못했기에 더 깊어진 것으로 보인다.

한편 차이코프스키에게는 매우 사랑하는 사샤Sasha라는 여동생이 있었는데, 〈호두까기 인형〉을 작곡하는 동안 사샤가 갑작스레 사망했다는 전보를 받는다. 사샤는 차이코프스키의 음악과 삶을 독려해주었는데, 이 사건으로 그는 매우 침울해한다. 비보를 접한 다음 날, 미국으로 향하는 배를 타고 가면서 그는 사랑하던 여동생에 대한 기억과 그리움을 다시 생각하게 된다. 그리고 사샤의 따뜻함, 친절함에 대한 기억을 사탕요정 캐릭터의 음악에 반영하였다.

사탕요정의 아름다운 솔로는 음악과 함께 따로 공연되는 경우도 많다. 비록 프티파는 남성에게 의존하는 여성 캐릭터를 주로 그렸으나 사탕요정은 상당히 예외적이다. 그녀는 과자나라의 대모 같은 역할로 우아하고 파워풀한 여성 권력자다. 그녀는 과자나라를 관할하면서 어린 손님에게도 예의를 다하며 발레의 가장 중요한 그랑 파드되를 완성하면서 작품의 중심을 잡는다.

와일리라는 음악학자는 사탕요정의 반복적인 주제 음악에 차이코프스키가 비밀스러운 메시지를 담았다고 지적한다. 러시아 정교회에 장례식에서 암송하는 '그리고 성인이 휴식을 주시네'라는 기도문구의 운율과 사탕요정 주제음악의 운율이 거의 유사하다는 것이다. 또한 사탕요정이 왕자와 춤추는 2인무의 클라이맥스에서 오보에와 클라리넷을 이용한 그의 죽음의 주제 반주가 강하게 반영된다고 한다.

〈호두까기 인형〉의 초연은 성공과는 거리가 멀었다. 가장 중요한 관객이었던 황제는 "차이코프스키의 음악은 칭찬할 만하다"는 인색한 칭찬을 했다. 주역 무용수가 2막에서야 등장한다는 지적과 발레학교에서 2막만 떼어서 공연하면 좋을 것이라는 비판이 뒤따랐다.

〈호두까기 인형〉이 지금처럼 크리스마스 가족 발레로 자리잡은 것은 60여 년이 지나서다. 러시아에서 망명한 안무가 조지 발란신은 뉴욕시티발레단에서 화려한 전막을 올린다. 러시아 초연에는 어린이 중심의 전개가 핸디캡으로 작용했으나, 1960년대 베이비붐 세대와 만나면서 유년기에 대한 주목은 발레의 흥행에 극적인 영향을 주게 된다.

제니퍼 피셔라는 미국의 무용학자는 〈호두까기 인형의 왕국

(2004)〉이라는 논문에서 이 발레의 흥행과 전파에 대해서 분석한다. 애초에 이 발레는 크리스마스와의 연결고리도 미비했고 크리스마스 시즌에 초연되지도 않았다. 하지만 빅토리아시대 이후에 강조된 유년기와 순수함에 대한 존중이 필요하다는 사회적 분위기와 함께, 발레에 녹아 있는 어린이의 관점과 크리스마스 판타지는 이 작품에 의미를 부여했다. 또한 '크리스마스는 가족과 보내는 명절'이라는 인식이 강화되면서 '호두까기 인형 신드롬'을 일으켰다는 것이다. 즉, 크리스마스라는 명절에 아이들과 함께 잃어버린 동심의 세계를 탐험한다는 생각이 미국의 중산층에게 크게 작용하면서 〈호두까기 인형〉은 크리스마스의 가족 행사로 자리 잡게 되었다.

중산층 소녀의 꿈,
고아 소녀의 꿈

이 인기 있는 발레에는 다양한 버전이 있다. 각 무용단마다 다른 해석과 캐릭터가 있어서 그 다양함을 비교해보는 것도 흥미롭다. 주인공의 이름부터 정리하자면 호프만의 원작에 등장하는 소녀 주인공은 '마리'지만, 다른 많은 발레 버전에서는 '클라라'로 불린다. 이외에 마샤, 메이드, 메리 등 매우 다양하다. 악의 축으로 등장하는 쥐여왕 역시, 쥐왕(남성), 생쥐, 코요테 등 가지각색이다.

사실 '마리'라는 이름은 원작자인 호프만 친구의 딸 이름이다. 낮에는 판사로 밤에는 작가로 활동한 호프만은 부르주아의 엄격한 육아방식에 문제의식을 갖게 되었고, 어린이의 상상력을 존중해야 한다는 생각으로 이 책을 쓰게 된다. 그는 친구의 아이들을 위해 이 책을 썼는데, 주인공인 마리와 프리츠도 그 아이들의 이름이라고 한다.

　호프만의 책에서 쥐의 습격은 하룻밤에 끝나지 않는다. 마리는 자신이 사랑하는 호두까기를 지키기 위해 자신의 인형, 드레스 등 아끼는 물건들을 수차례 공격받는 것을 두려움에 떨면서 지킨다. '환상적 사실주의'라 불리는 호프만의 글은 가상의 세계를 아름답게 미화하는 대신 무의식적인 욕망, 이상에 대한 동경과 현실을 세밀하게 교차시킨다.

　프티파나 발란신의 화려한 버전 이외에, 현대 안무가들은 새로운 관점에서 〈호두까기 인형〉을 재해석했다. 매튜 본은 〈호두까기 인형〉을 만들면서 '크리스마스에 판타지를 꿈꿀 만큼 절박한 소녀'를 만든다. 원작에서 마리는 공의의 딸로, 크리스마스 파티를 여는 중산층 이상의 가정으로, 발레에서는 긴 금발의 아름다운 소녀로 묘사된다. 본의 발레에서 마리는 고아원의 소녀며 통통하고 짧은 머리의 소녀다. 그녀는 입양을 원하는 부부에게도 제외되고 원장의 크리스마스 선물에서도 소외되며 자신이 꿈꾸던 호두까기 인형은 왕자로 변신해 원장의 딸과 사랑에 빠진다.

클래식 발레 버전에서 1막에서 등장하는 소년과 소녀들은 완벽하게 역할이 구분되어 있다. 차이코프스키는 소년의 움직임과 소녀의 움직임에 각각 다른 악기와 리듬감을 구분한다. 아이들은 완벽하게 차려입은 신사와 숙녀의 모습으로 우아한 성인들을 롤모델로 삼는다. 남자 아이들은 드럼 소리에 맞춰 총 쏘기와 행진놀이를, 여자아이들은 인형을 쓰다듬고 돌보며 어머니의 역할을 리허설한다. 이 발레는 사회적 성 역할에 대한 교육, 즉 여자아이·남자아이가 어떻게 자라나야 하는가에 대한 은근한 교본을 제시한다. 엄격한 부르주아식 교육에 반대하여 이 작품을 쓴 호프만의 철학과는 사뭇 반대의 방향이다.

안무가 마크 모리스는 〈하드 넛Hard Nut〉이라는 작품에서 호프만의 이야기로 되돌아간다. 그는 1960대로 배경을 옮겨 히피 문화와 천방지축인 틴에이저들을 등장시킨다. 1막의 크리스마스 파티는 어린이를 위한 것이 아니다. 갱년기의 히스테리를 겪는 신경쇠약의 안주인, 술에 취한 손님, 크리스마스 선물을 훔쳐가는 친구, 성과 알코올에 무한한 호기심으로 자제력을 상실한 10대의 딸, 파티를 난장판으로 만드는 아들, 허세와 현실을 오가며 안절부절하는 아버지 등. 알코올이 차려진 1막의 파티는 왁자지껄하고 유머러스하며 다분히 현실적이다.

이 작품에는 눈송이의 왈츠(1막), 꽃의 왈츠(2막)라는 대표적인 여성 군무가 나온다. 동일한 복색의 여성 군무진, 바로크적이고 장식적인 대열, 기하학적이고 대칭적인 움직임이 인상적이다. 차이코프스키가 만들어내는 눈폭풍은 잦아들었다가 쉬어가고, 다시 잦아들면서 춤에 탄력을 주고, 무용수들의 일사분란함은 자연의 힘보다는 망원경으로 들여다본 아름다운 눈 혹은 꽃의 결정체 같다.

반면, 마크 모리스의 작품에서 발레의 눈송이요정은 남성, 여성, 다양한 인종, 다양한 체격으로 구성된다. 몇몇은 포인트 슈즈를 신고 몇몇은 맨발로 춤춘다(안무자의 기준은 '신을 수 있는 사람은 신었다'이다). 꽃의 왈츠에서도 마찬가지다. 균일하지 않은 아름다움, 다양함이 뒤섞여 내는 에너지는 바람에 날리는 가냘픈 꽃송이가 아니라, 바위도 뚫을 수 있는 강한 뿌리에서 뻗어난 싱싱하고 힘 있는 식물의 이미지다. 마크 모리스는 "왜 자연이 꼭 여성적이어야 하나. 내게 있어 자연은 남성, 여성 모두다"라는 말을 남긴다.

러시아 발레의
살아남기

〈백조의 호수〉, 〈잠자는 숲속의 미녀〉, 〈호두까기 인형〉을 탄생시킨 러시아 발레는 프랑스에서 건너온 안무자 마리우스 프티파에 의해 황금기를 맞이했다. 그는 프랑스 발레의 우아함, 이탈리아 발레의 대담한 테크닉, 러시아 발레의 사치스러운 화려함을 성공적으로 결합시켰다. 그는 황실 발레교사였던 아버지 장 프티파를 따라 러시아에 온 후, 황실의 든든한 지원을 받으면서 〈돈키호테〉, 〈라 바랴데어〉, 〈레이몬다〉 등 대표적인 클래식 발레 60여 편을 완성했다. 차르의 시대에는 귀족, 외교관, 군인관리, 부르주아, 학생 등 문화사회적 엘리트들이 발레 공연의 관객들이었다. 황실 발레학교나 발레단에 들어간다는 것은 차르의 식솔이 되는 것이나 다름없었다.

그러나 1917년 볼셰비키 혁명은 발레가 성장한 비옥한 토지를 폐허로 만들어버렸다. 볼셰비키가 겨울 궁전을 포위한 10월 25일, 마린스키극장에서는 차이코프스키에게 헌정한 발레를 무대에 올릴 예정이었다. 주역 무용수 타마라 칼사비나는 5시에 아파트를 떠나 극장으로 왔지만, 대부분의 무용수는 공연 시간 한 시간 뒤에도 나타나지 않았다. 공연은 시작되었으나 텅 빈 무대에 무용수들이 띄엄띄엄 서 있었다.

이틀 뒤 극장은 공연을 중지했다. 발레단에는 혁명 전 212~228명의 단원이 있었으나 혁명 후에는 가난, 해외망명, 도주로 인해 무려 134명으로 줄었다. 혁명의 폭력과 다가올 미래에 대한 불안감은 무용수들에게도 퍼져나갔다. 40% 이상의 무용수들이 마린스키극장을 떠났고, 남은 무용수들은 생존에 대한 두려움에 휩싸였다. 마린스키의 극장감독조차 그날 공연이 가능한지 확신할 수 없었다.

연료의 부족은 무대 세트의 섬세한 기계 작동은 물론 기본적인 난방까지 위협했다. 극장 내부에 얼음이 얼 정도로 추운

날이 빈번했다. 관객들은 두꺼운 외투를 입을 수 있었지만, 무용수들은 한 겹의 실크 의상을 입고 추위를 견뎌야 했다. 낮 동안의 절전으로 리허설이 불가능한 지경에 이르고, 6시 이후와 휴일에는 트램도 끊어졌다. 공연이 끝난 한밤중에는 무용수와 관객 모두 캄캄한 밤길을 걸어 난방이 안 된 집으로 돌아가야 했다.

식료품 부족으로 무용수들의 영양 상태에 문제가 생긴 것은 치명적이었다. 장기적인 영양 부족은 젊은 무용수들의 체력을 갉아먹었다. 두세 시간에 걸친 전막 발레를 완주하는 것은 마라톤 같은 체력을 요구하는 일이었다. 감자 하나를 먹고 견디던 남자 무용수는 파드되에서 여성 무용수들을 들 힘이 없다고 하소연했고, 도입부의 아디지오를 무사히 견딘 후 젤리처럼 다리가 약해지곤 했으며, 골절, 힘줄 파열 같은 치명적인 부상을 입기도 했다. 1922년에는 볼쇼이와 마린스키발레단은 운영경비의 부담으로 문을 닫아야 할 위기에 처했다. 혁명의 시대로 오면서 평론가들은 발레의 죽음을 불가피한 것이라 보았다.

"발레는 추위에 얼어붙은 풀처럼 마비상태가 되었고, 그 존속은 바보 같은 유물에 불과하다. 발레는 아픈 게 아니라 동맥경화가 온 것이다. 클래식 발레의 형태는 구식의 것이다… 이는 온실 속 화초인가, 혹은 박물관 예술인가…"

그러나 발레는 살아남았다. 1930년대 중반이 되자 스탈린의 강력한 정치적 영향력 아래에서 사회주의 리얼리즘을 반영해야 했다. 발레는 봉건제도 아래에서 고통받는 프롤레타리아의 모습이나 계급 없는 사회의 건설을 위해 헌신하는 젊은이의 모습이 필요했다.

이 시기에 평범한 소녀와 귀족 남성의 비극적 사랑이야기인 〈지젤〉은 구시대적인 계급 차이에 고통받는 두 젊은이의 투쟁으로 그려졌다. 〈로미오와 줄리엣〉 역시 셰익스피어라는 서방 작가의 작품을 기반하고는 있지만 '오래된 가문의 구시대적 충돌에 고통받는 젊은이'라는, 사회주의 리얼리즘의 제작 요건에서 벗어나지 않는다.

줄리엣,
죽어야 사는 여자

발레 〈로미오와 줄리엣〉은 상당히 많은 버전들이 있는데, 인기 있는 작업들에는 공통적인 두 가지의 전제조건이 있다. 바로 '프로코피예프의 음악과 두 연인의 죽음'이라는 비극적인 결말이다. 존 그랑코의 화려하고 감정적인 버전, 어린 연인의 실패한 사랑을 처절하게 표현적으로 그린 케네스 맥밀란의 버전, 사춘기적 사랑의 맹목성과 모호함을 그린 장 크리스토프 마이요의 현대적 해석, 로미오와 '줄리앙'의 동성애적 사랑을 그린 매튜 본의 작품까지, 모두 프로코피예프의 음악을 기반으로 하고 있다.

2008년에 음악학자 사이먼 모리슨은 러시아에서 프로코피예프의 유품을 찾다가 매우 흥미로운 사실을 발견했다. 1935년 프로코피예프가 처음 〈로미오와 줄리엣〉을 작곡할 때 해피엔딩으로 마무리를 지었다는 것이다. 이 젊고 용감한 커플은 폭압적인 두 가족으로부터 성공적으로 도망치고 베로나가 아닌 새로운 공간에서 영원히 행복하게 산다는 것이다.

왜 프로코피예프가 대표적인 비극인 〈로미오와 줄리엣〉을 해피엔딩으로 그렸는지에 대해서는 몇 가지 가설이 있다. 프로코피예프는 혁명 후 파리와 유럽을 오가며 활동하다 귀국했지만 정치적인 신념이 강한 인물은 아니었고 기독교의 죽음에 대한 개념을 믿지 않았다고 한다. 그는 크리스천 사이언스라는 종교를 믿었는데, 이 종교는 '죽음'이라는 개념을 믿지 않았다. 대신, 그들은 죽음이 삶보다 더 상위의 영역으로 들어가게 되는 것이라 보았다. 그는 비련의 두 연인을 사랑을 위해 용감하게 투쟁하고 결국 영원한 행복으로 보상받는 영웅으로 그려냈다.

한편, 프로코피예프는 셰익스피어의 결말에 만족하지 못했으며, 특히 이를 발레로 만든다면 "산 사람은 춤출 수 있지만, 죽은 사람은 춤출 수 없다"며 항변하였다고 한다. 그는 셰익스피어 전문가들과 긴밀하게 작업하며 56개의 장면을 완성했는데 캐릭터의 동작, 등장과 퇴장, 의상까지 꼼꼼하게 기록했다. 그의 대본에서 줄리엣은 적절한 타이밍에 깨어나 로미오와 함께 과거 삶을 버리고 새로운 유토피아로 탈출하였다.

결론부터 말하자면, 불행하게도 프로코피예프의 해피엔딩은 결코 무대화되지 못했다. 그의 〈로미오와 줄리엣〉이 무대에 오르기까지는 6년이라는 길고 고통스러운 시간이 걸렸고, 그는 모욕적인 수정과 교체를 견뎌야 했다. 안무가들과 키로프 관리들은 해피엔딩을 이해하지 못했고 그의 음악에 강한 불만을 표시했다. 안무가 라브로스키는 "왜 무용수들에게 춤출 기회를 빼앗느냐"며 음악이 박자를 맞추기 좋도록 크고 강렬해야 하며 드라마틱한 효과를 위해 오케스트레이션을 더 강화해줄 것을 요구했다. 주역 무용수인 울라노바와 세르게이는 음악이 너무 난해하고 추상적이라 춤출 수 없다고 불평했다. 극단적인 비판이 쏟아지고 무대화의 기회가 무산되자, 결국 프로코피예프는 해피엔딩을 포기했다.

1940년 초연에 앞서 그는 새로운 솔로와 발코니 장면을 삽입했고 악기도 보충했다. 초연은 성공적이었지만 객석에 앉아 자신의 음악이 상의 없이 수정된 것을 깨달았을 때는 분노에 휩싸였다고 한다. 안무자와 예술감독은 다이내믹한 장면을 위해 악기 편성을 늘리고 새로운 장면들을 삽입했다. 후에 프로코피예프의 간청에도 불구하고 동의되지 않는 변형을 복원하는 것을 거절했다고 한다.

이 시기는 황실의 지원으로 작업하던 반세기 전과는 완전히 다른 제작환경이었다. 스탈린 치하에서 〈백조의 호수〉는 젊은 이들의 성공적 투쟁을 위해 죽은 연인들을 되살려냈다. 그런데 작곡가가 살린 줄리엣을 다시 죽게 한 이유는 무엇일까? 우선, 〈로미오와 줄리엣〉의 해피엔딩은 체제에서 강요된 것이라기보다는 예술가의 자율적인 해석이었다.

소비에트 발레의 적敵은, 러시아를 버리고 뉴욕에 정착해 '미국 발레의 아버지'로 불리는 조지 발란신이었다. 그는 게오르그 발란쉬바체라는 러시아 이름을 발란신이라는 미국식 이름으로 바꾸고 러시아 스타일의 드라마 발레를 버리고 추상적인 발레를 추구하고 있었다.

1940년 1월, 키로프발레단은 당대 최고의 무용수였던 울라노바와 세르게예프를 주역으로 〈로미오와 줄리엣〉을 올린 이래, 이는 소비에트 발레에서 탄생한 강력한 레퍼토리가 되었다. 〈로미오와 줄리엣〉은 강렬한 드라마가 있는 발레로, 소련만의 정체성을 확립할 수 있는 극적인 드라마를 제공했다. 두 연인이 폭압적인 과거 체제에 맞서 투쟁한다는 점에서 사회주의 리얼리즘에도 부합하는 한편, 셰익스피어의 익숙한 비극적 결말 역시 대중의 교양을 고무시키는 사회주의의 교육적 목표에 적절하게 기여했다.

실제로 1950년대에 소련 발레의 서구 투어가 시작되자 관객들은 〈로미오와 줄리엣〉의 강렬함에 충격을 받는다. 소련 발레가 철의 장막 뒤에서 정치적 선동물이나 기교 중심으로 고착화되었을 거라는 예상을 뒤엎은 것이다. 발레가 지닌 탄탄한 드라마, 강렬한 음악성, 형식미의 완결성, 드라마틱한 서정성은 서구의 안무 스타일에도 영향을 주게 된다.

스탈린 치하에서 볼쇼이와 키로프는 정치적 압박을 받으며 이념적, 정치적 주제로 발레를 여러 편 만들었지만, 결국에는 상당수가 실패하였다. 정치적 압력에 의해 주조된 예술이 실패하는 것은 역설적으로 정치적 기후에 제압되지 않는 예술의 승리, 예술의 순수성을 의미한다. 발레는 혁명이 폐기하고자 했던 미학적 가치들을 버리지 않았고, 특유의 아름다움과 의미의 모호함으로 검열을 피해갔다. 발레는 일차원적으로는 화려한 판타지의 세계와 아름다움으로 소비에트의 척박한 현실에서 일시적 탈출구를 제공했고, 나아가 일상적 소비재의 부족과 독재에 대한 은밀한 불경을 암시하기도 했다.

관객들에게 발레는 곧 세상을 보는 창窓이었다. 발레는 관객들에게 혁명 이전의 문화적 유산과 그들이 잃어버린, 따뜻하고 환대가 넘치는 세계에 대해 암시했다. 우리가 목격하였듯, 전체주의적인 시대와 독재는 예술을 두려워한다. 왜냐하면 어떤 정치적 파워도 개별적 인간의 사고와 자유를, 그리고 그를 향유하는 관객의 해석의 자유를 컨트롤할 수 없기 때문이다.

안무 안남근 | 백조의 호수를 재해석한 〈나는 애매하지 않습니까? 당신에 대하여〉
LDP무용단 | 사진 박귀섭(BAKI)

3

현대 춤, 혹은
컨템포러리 댄스
이해하기

클래식 발레는 예술무용 중 가장 성공적으로 대중적인 지지기반을 지니는 장르다. 캐릭터와 스토리가 있으며 움직임의 방식도 구조화되어 있다. 몇 개의 대표적 레퍼토리와 양식에 익숙해지면, 클래식 발레는 예측 가능하고 따뜻하며 화려한 환대가 가득한 세계다.

반면, 현대 무용에 이르면 이야기가 달라진다. 발레에 정형화된 몸의 규칙과 표현 방식이 있다면 현대 춤에는 개인의 고유성과 접근 방식이 중요하다. 음악 외에도 영상, 미술, 건축, 아크로바틱 등 다양한 장르와의 결합이 가능하고 예술가 개별의 개성에 초점을 맞춘다. 또한 사랑과 로맨스가 중심을 이루는 클래식 발레의 내용에서 벗어나 사회 문제, 정치, 인종, 성 등 다양한 문제에 관심을 보인다.

클래식 발레가 예측가능성 안에서 일정한 취향을 유지한다면, 현대 무용의 다양성은 관객을 종종 당황시킨다. 예술가의 입장에서 보자면, 이 낯섦과 예측불가능성은 관객을 만족시키기 어렵게 한다. 새로운 것, 기대 이상의 것, 예측하지 못한 것을 보여주면서 동시에 관객의 예술적 개성과 취향을 만족시키기란 매우 어려운 일이기 때문이다.

현대 춤, 현대 무용
혹은 컨템포러리 댄스

현대 무용이라 불리는 장르는 종종 출구를 알 수 없는 미로 처럼 생각된다. 어렵게 찾아간 극장은 손에 쥔 스마트폰을 포기하라 윽박지르고 어둠 속에서 보여지는 움직임은 난해하기 일쑤이다. 나침반이 될까 싶어 구매한 프로그램 안내책은 미로를 안내하는 친절한 지도가 아니라, 오히려 질문에 질문으로 답하는 미학서에 가깝다.

현대예술은 '내가 왜 예술인가' 하는 것을 스스로 설명하는

안무 장은정 〈비밀의 정원〉 | 사진 옥상훈

자기지시성을 지닌다는데, 작품에서 한눈에 알아차리기 힘든 철학적 의미는 거대한 담론과 해석의 프레임을 요구한다. 나조차도 '춤을 감상하는 이 시대의 온전한 관객이 되기 위해서는 현대미학과 인문학을 먼저 공부해야 하는가' 하는 의문이 들 때가 있다. '작품과 일대일로 정면승부해 작가의 고유성을 나의 눈으로 발견하라'는 주문은, 어려움을 토로하는 이들의 한숨과 아우성에 공허하게 묻혀진다.

다른 현대예술과 마찬가지로, 현대 춤 역시 이해하기 쉽지 않다. 장르 자체도 구분하기 어렵다. 발레인 것 같은데 포인트 슈즈가 없고, 현대 무용인 것 같은데 한국적 요소들이 튀어나온다. 그런데 그런 경계를 넘나드는 무정형성, 경계의 탐험이 현대 춤의 특징이다.

우선, 용어부터 정리해보자. 현대 무용, 모던 댄스, 컨템포러리 댄스의 차이는 무엇일까? 현대 무용은 흔히 모던 댄스 Modern Dance로 불리어왔다. 하지만 엄밀히 말하면 오늘날 춤이라는 뜻의 컨템포러리 댄스Contemporary Dance가 더 적절한 단어다. 예컨대 국립현대무용단(Korea National Contemporary Dance Company)도 모던 댄스 대신 컨템포러리 댄스를 쓴다.

원래 모던 댄스는 모더니즘의 영향 아래 있었던 20세기 초

안무 사무엘 르프브르, 플로렌시아 데메스트리 | 인간이 갖는 두려움에 대한 반응을 표현한 〈네흐Nerf〉
LDP무용단 | 사진 박귀섭(BAKI)

중반의 무용양식을 지칭한다. 처음에는 발레가 표현적인 춤을 가리키며 20세기 내내 사용되었지만, 모던 댄스에 반발한 포스트모던 댄스와 그 이후의 다양한 시도들을 묶기에는 포화 상태에 이른다. 대신 등장한 컨템포러리 댄스는 '당대의'라는 단어의 뜻처럼 고정된 스타일과 양식을 구분한다기보다는, 오늘날 일어나는 작업들, 당대성의 시간대를 지칭하는 보다 넓은 의미로 쓰인다.

고정되지 않은 예술을 탈경계의 시대에 정의한다는 것은 모호한 일이지만, 모던 댄스에서 컨템포러리 댄스까지의 경로를 대략적으로 살펴보자. 극장무용에는 발레, 모던 댄스, 현대 무용, 포스트모던 댄스, 농당스 등 현대 무용과 관련한 여러가지 개념들이 있다.

발레는 서구 극장 무용의 대표적 형태다. 발레는 르네상스 이후 부유한 이탈리아의 스펙타클을 기반으로 프랑스에서 시작되었다. 유럽에 혁명이 시작된 이후로는 러시아 황실의 지원을 받으며 정교하게 발달한다. 300년이 넘는 역사가 자랑하듯, 발레는 매우 정교하고 과학적인 움직임과 안무 구조, 남녀의 젠더가 뚜렷하게 구분되는 표현 방식을 지닌다.

여성은 포인트슈즈를 신고 발끝으로 서서 춤을 추는데, 이는 남성에게는 해당되지 않는다. 남성과 여성의 성 역할이 구분된 움직임이 많다. 남자는 도약이나 회전, 동선이 크고 활달하며, 여성은 섬세한 표현력, 밸런스 등을 통해 여성적이고 우아한 동작이 많다.

발레 역시 20세기에 오면서 다양한 방식으로 발전한다. 현대무용의 영향으로 발레의 테크닉과 움직임 구조를 사용하는 최근의 흐름은 컨템포러리 발레라고 부른다. 장르의 구분이 점차 모호해지면서 '발레'라는 용어 자체가 양식을 갖춘 무용작품이라는 의미에서 현대 안무가들에게 쓰이기도 한다.

현대 무용의 흐름
: 이사도라 던컨에서
피나 바우쉬까지

발레가 유럽에서 탄생했다면, 자유로움과 개인의 개성을 강조하는 모던 댄스와 포스트모던 댄스는 신대륙 미국을 중심으로 발전해왔다. 애초에 현대 무용의 탄생은 발레에 대한 거부에서 출발한다. 19세기 발레는 여성 발레리나가 많은 주목을 받아, 상대적으로 남성 무용수가 쇠락의 길을 걸었다. 그러나 춤의 제작을 주도한 안무가, 음악가, 비평가 등은 대부분 남성이었다.

현대 무용에 오게 되면, 여성 인권의 향상과 더불어 지성적인 여성 무용가들이 기존의 작업과 다른 시도를 한다. 발레의 여러가지 특징들—코르셋처럼 몸을 압박하는 의상, 몸의 수직과 수평을 강조하는 귀족적인 움직임, 혹독하게 반복적이고 고단한 연습 체계, 봉건적인 발레단의 강력한 위계질서— 은 새로운 시대의 여성 예술가들에게 외면받게 된다.

그 대표적인 인물이 이사도라 던컨Isadora Duncan이다. 혹자는 이사도라 던컨이 현대 무용의 창시자라고도 하는데, 현대 무용은 한 사람에 의해 창시된 게 아니므로, 그녀는 그 당시의 흐름으로 여러 명의 선구자 중 가장 유명한 사람이다.

샌프란시스코 출신의 던컨은 사업가인 아버지와 음악에 조예가 깊은 어머니 사이에서 태어났다. 사업에 실패한 아버지는 던컨이 세 살 때 가족을 떠났고, 어머니는 홀로 네 명의 자녀를 데리고 피아노 레슨을 하며 어렵게 삶을 유지했다. 가난한 환경에서도 어머니는 자녀들에게 시詩와 피아노 연주를 들려주었고, 소녀 던컨은 바닷가에서 춤을 추고 노래하면서 형제들과 함께 예술적인 관심을 키워나갔다. 던컨은 정규교육과 몇 번의 발레 레슨을 받았지만 인공적이고 강제적이라는 생각에 곧 그만두었고, 대신 자연과 함께하며 혼자 춤을 연마했다.

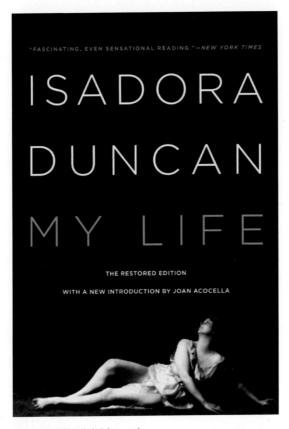

이사도라 던컨의 자서전 〈My Life〉

당시의 여성 무용수들은 관습대로 허리를 꽉 죄는 코르셋과 모자와 구두, 긴 치마를 입었는데, 코르셋이 내장기관을 너무 조여 소화불량에 시달리거나 심지어 기절하기 일쑤였다. 일상복의 변형인 발레 의상도 매우 탄탄하게 몸을 죈다. 던컨은 이런 의상이 여성을 속박한다며 편안한 의상을 입고 맨발로 춤을 추었다. 이런 의상 개혁은 무용수의 움직임은 물론, 여성의 몸과 권리에도 자유를 주었다.

던컨으로 대표되는 초기 현대 무용은 무용가 개인의 감성이나 스타일이 더 강조되므로 '프리 댄스 free dance'라고도 불린다. 던컨의 춤은 인간의 감정이나 자연에서 받은 영감, 음악에서 받은 인상이 주된 내용이다. 숨쉬기, 걷기, 뛰기처럼 자연스럽고 감각적인 움직임을 순수하게 발산하는 춤에 가깝다. 춤의 자연스러움, 자유로움 추구라는 측면에서는 모던 댄스의 정신을 상징하기도 하지만, 던컨의 개인적인 감상이나 매력의 과시 등에서 완전히 자유롭지는 못하다는 비판을 받는다. 스타일은 있지만 구체화된 방법론이 없다는 것이었다. 던컨의 학교는 성공적이지 못했고, 그녀의 드라마틱한 죽음 – 애인의 자동차 바퀴에 목에 맨 스카프가 감겨 죽었다 – 이후에 그녀의 춤 양식이 지속되기는 어려웠다.

모던 댄스는 프리 댄스가 다음 세대들에 의해 발전된 형태다. 대표적으로 마사 그라함Martha Graham, 도리스 험프리Doris Humphrey, 호세 리몽José Limón 등이 있다. 이들은 이전 세대보다 지적이고 체계적인 움직임으로 창조성과 현대성을 강조했다.

프리 댄스가 개인의 감정 발산에 머물렀다면, 이들은 자신들의 철학을 바탕으로 세계관을 보며주며 이를 위한 움직임의 테크닉도 개발하여 상당한 체계를 갖추었다. 안무가마다 각각 다른 스타일과 춤의 원리가 존재했고, 춤의 내용도 움직임 범위의 실험이나 인간의 내면, 어둡고 복잡한 심리를 다루었다. 작업 발레의 수평과 수직의 규칙을 무너뜨리고, 골반이나 코어 근육을 사용하여 몸의 중심을 더욱 적극적으로 사용했다.

마사 그라함(1884~1991)은 장수의 축복과 더불어 열정적인 활동으로 현대 무용의 가장 대표적 인물로 꼽힌다. 한국에 처음 들어온 현대 무용 역시 마사 그라함의 스타일이었다. 그라함은 정신과 의사였던 아버지의 영향을 받아 인간의 본성에 관심이 많았고 인간의 심리, 죄의식, 절망 등 특히 인간의 어두운 내면을 다루었다.

그녀의 1947년 작 〈밤의 여행〉은 오이디푸스 신화를 다룬다. 태어난 어린 아들이 후에 아버지를 죽이고 어머니와 결혼한다는 신탁이 내려지자, 왕은 아이의 발목을 뚫어 가죽끈으로 묶

은 뒤 숲속에 버린다. '부어오른 발'이라는 이름을 얻은 오이디
푸스는 성장하여 길을 떠난다. '길을 비키라'는 사소한 시비 끝
에 노인을 살해하는데 실은 그가 죽인 그 노인이 바로 그가 아
버지였다. 그는 스핑크스의 퀴즈를 맞추어 왕비(어머니)와 결혼
하여 왕이 된다. 후에 이 사실을 깨달은 오이디푸스는 자신의
두 눈을 찌르고 왕비는 자살한다.

그라함은 스스로 왕비의 역할을 맡아 인간 삶의 비극, 열정,
고통, 분노, 참담함, 자괴감 등 감정의 극단적인 부분을 춤으로
만들어낸다. 춤은 이야기나 감정의 하소연보다는, 상징적이며
해석의 여지를 남긴다. 두 남녀를 연결하는 밧줄은 탯줄이면
서, 왕비의 목을 매는 죽음의 도구이기도 하다. 특히 칼에 맞은
듯이 몸을 수축하는 컨트랙션 기법은 인간 감정의 내밀한 곳
을 표현하는 그라함의 대표적인 테크닉이다.

초기 현대 무용이 세계 1차·2차대전을 겪으며 미국을 중심
으로 일어났다면, 나치의 영향력이 끝나고 난 전후의 독일에서
는 탄츠테아터tanztheater라는 특별한 춤 형식이 등장한다. 흔히
춤과 연극적 연출이 결합된 형태로 춤, 노래, 대사, 연기, 오페
라 등 매우 다양한 장르가 섞여 있다. 우리나라에서도 사랑받
은 피나 바우쉬Pina Bausch가 대표적이다. 연극적인 요소를 가져

와 춤의 대사나 장면의 연출도 많아 미국의 현대 무용과 사뭇 다르다.

지금은 익숙해진 양식이지만, 초기 피나 바우쉬의 작업은 형식뿐 아니라 내용에 있어서도 혁신적이었다. 신화나 극적인 이야기가 아니라 인간의 본성이나 사회의 어두움을 다룬다. 그녀의 철학은 '나는 사람들이 어떻게 움직이는지에 대해 관심이 있는 게 아니다. 무엇이 사람들을 움직이게 하는지에 관심이 있다'라는 말로 잘 설명된다.

피나 바우쉬는 작은 여관을 운영하는 부모 밑에서 어린 시절을 보냈다. 전후의 어두운 시대 상황, 작은 여관이자 카페를 드나드는 사람들을 마주하면서, 그녀는 한계적 상황에 처한 사람들의 본능이나 감정에 대해서 민감한 감수성을 갖게 되었을 것이다. 사랑, 상실, 고통, 궁핍, 고독이 주는 고통과 삶의 모순 등. 그녀는 춤 속에서 약자에 대한 차별, 인간의 폭력성, 정치적 모순 같은 대부분의 사회가 안고 있는 이슈를 그려낸다. 〈봄의 제전〉에서 공동체의 무사안위를 위해 죄 없는 처녀를 제비뽑기로 뽑아 희생시키는 이야기는, 먼 태고의 전설이 아니라 공동체의 이름으로 약자의 희생을 강요하는 시대를 초월하는 인간의 폭력성을 드러낸다.

바우쉬가 부퍼탈이라는 작은 공업도시의 무용단에 부임한

사진작가 우슬라 카우프만이 출판한 피나 바우쉬의 삶과 작업을
기록한 책 〈피나 바우쉬와 부퍼탈 탄츠테아터〉

이후, 부퍼탈은 바우쉬 덕분에 예술의 고장이 된다. 그러나 발레의 화려하고 따뜻한 형식에 익숙했던 사람들은, 처음에는 어둡고 모순적인 그녀의 작품을 쉽게 받아들이지 않았다. 서너 시간에 이르는 방대한 길이와 어두운 분위기로 인해 관객들로부터 오렌지나 계란 세례를 받기도 했다.

하지만 그녀의 독특함은 점차 팬들을 만들고 세계적 명성을 얻게 된다. 바우쉬의 작품에는 흥미진진한 스토리가 있거나 화려한 테크닉이 바쁘게 진행되지 않는다. 대신 그녀는 자신이 삶의 관찰자라고 생각해서 다양한 출신, 환경, 경험을 지닌 무용수들을 선발한다. 무용수와의 대화를 통해 그들의 경험이나 성격, 생각에서 뽑아낸 이야기로 춤을 만든다. 예를 들어, 무용수들은 "왜 나는 무용수가 되었을까?"라는 질문을 받고 한 명씩 차례로 "서커스를 하다가 너무 힘들어서, 여자친구가 좋아해서, 멋있어 보여서, 혹은 그냥" 등의 대답을 한다.

초창기 무대디자이너이자 그녀의 연인이었던 보르치크는 극적인 효과를 위해 거대한 스케일의 무대 세트를 많이 제공했는데, 이런 시각적 스펙타클은 바우쉬의 작품을 더욱 매력적으로 만들어냈다. 잔혹한 인신 공양의 이야기인 〈봄의 제전〉에서는 핏빛의 흙을 무대에 깔았고, 〈카네이션〉에서는 만 송이의 카네이션을 꽂아 꽃밭을 만들기도 했으며, 〈아리엔〉에서는 무대 위에 물을 쏟아붓기도 했다.

한국에도 소개되었던 〈풀문Full moon〉은 무대 위 거대한 바위에서 물줄기가 흘러내린다. 무용수들이 비를 맞으며 춤을 추고 물을 뿌리며 만드는 장면들이 매우 인상적인 작품이다. 그녀는 이 장면들을 통해 인생이 가져다주는 황홀경과 동시에 그 속에서 우리가 어쩔 수 없이 마주해야 하는 불안함과 두려움을 표현해냈다.

현대 춤, 혹은 컨템포러리 댄스 이해하기

모던 댄스 vs
포스트모던 댄스

1960~1970년대에는, 미국에서 진행되던 모던 댄스에 반기를 든 예술가들이 등장한다. 모던 댄스가 테크닉을 강조하고 발레처럼 스타일을 구축하기 시작하자, 이에 반대하는 포스트모던 댄스가 등장한 것이다. 대표적으로 이본느 레이너Yvonne Rainer, 루신다 차일즈Lucinda Childs, 트리샤 브라운Trisha Brown, 스티브 팩스톤Steve Paxton 등이 있다.

포스트모던 댄스는 장르의 폐쇄성, 특히 고급예술 대對 저급

안무 미샤 푸루커 〈Radio *Luma: into the night〉
출연 김봉수 | 사진 오스카 헨

현대 춤, 혹은 컨템포러리 댄스 이해하기

예술의 구분을 거부하고 춤의 가장 중요한 부분인 몸과 그 움직임에 집중한다. 그들은 '멋진 몸이나 테크닉이 아니라, 일상적인 움직임이 춤이 된다'는 명제에서 출발해, 계획 없이 자유롭게 움직이는 즉흥(improvisation)의 기법이나 다른 신체와의 접촉을 통해 움직임을 만드는 컨택contact 등을 시도한다.

포스트모던 댄스의 선두주자였던 이본느 레이너가 1965년에 쓴 성명서를 보면, 과거의 진부한 답습으로부터 벗어나기 위한 노력이 보인다.

스펙타클에 대한 거부

기교에 대한 거부

마술적이거나 인위적인 것, 변형에 대한 거부

스타 이미지의 전달이나 성적 매력에 대한 거부

영웅이나 반영웅의 거부

스타일에 대한 거부

진영에 대한 거부

기이한 행동에 대한 거부

감동하거나 감동시키는 것에 대한 거부

트리샤 브라운 안무의 1971년 작 〈누적Accumulation〉에는 이런

안무 김재덕 〈Kick〉 | 모던테이블 | 사진 윤석기

현대 춤, 혹은 컨템포러리 댄스 이해하기

지향점이 잘 드러난다. 촬영된 영상을 보면, 매우 평범하고 일상적인 신체와 의상의 무용수 브라운이 등장한다. 세트나 조명, 배경, 음악도 없이 무용수는 편안한 바지에 티셔츠에 화장기 없는 얼굴이다. 그 일상성으로 말하자면, 수요일 밤 재활용 쓰레기를 버리러 나온 동네 아주머니의 익숙한 자태와 다를 바가 없다. 간단히 손바닥의 움직임이 시작되고 점차 반복되면서 움직임이 누적된다. 마치 계속해서 누적되는 말잇기놀이처럼, 움직임은 말 그대로 하나씩 누적되어 시간이 지나면 하나의 움직임 구절(phrase)을 이룬다. 작품의 과정에는 캐릭터도 스타도 테크닉도 없다. 춤의 형식이나 허영, 판타지를 거부한 채, 오직 움직임에만 집중한다.

포스트모던 댄스는 실험의 장場이었다. 안무가들은 진부해지고 자기복제가 심해지는 모던 댄스에 새로운 바람을 불어넣었다. 특히 움직임을 정형화시켜 가두지 않고 누구라도 쉽게 움직임을 만들 수 있는 즉흥이나 컨택의 기법은 좋은 창작의 활력을 제시해주었다. 다음 세대들은 그런 자유로운 정신이 남긴 유산으로 움직임에 대한 다양한 실험을 할 수 있었다. 그러나 포스트모던 댄스는 앞선 세대의 작업에 결벽증적인 태도를 보임으로써 '목욕물과 함께 아기도 하수구로 버렸다'라는 비판을 받기도 한다.

춤이 없는 춤,
농당스

 1980년대에 이르면 프랑스와 벨기에를 중심으로 새로운 춤이라는 뜻 '누벨당스Nouvelle Danse'가 등장한다. 누벨당스는 춤에 다양한 공연의 요소를 깊이 넣는다. 강렬한 시청각 이미지, 초현실주의 작가나 부조리 문학 속 말이나 대사를 활용하는 등, 기존에 '춤＝신체의 움직임'이라는 등식을 깨고 그 범위를 팽창시킨다. 이는 곧 오늘날까지 쓰이는 '컨템포러리 댄스'라는 용어로 대체된다.

90년대에 오면, 묵언의 움직임이었던 춤은 말하기 시작한다. 화려한 율동과 침묵의 예술이 왜 춤추기를 멈추고 말하기를 시작할까. 춤이 아닌 춤, 농당스Non-Dance는 1990년대 프랑스를 중심으로 시작되었다. 신체 움직임을 전통적인 춤의 방식이 아닌 것으로 제시하는 흐름이다. 누드의 일상화, 다른 장르와의 융합, 극단적인 느림 등이 등장한다. 국립현대무용단의 〈춤이 말하다〉라는 작품은 무용수가 자신의 이야기와 춤을 보여주는 렉처 퍼포먼스다.

컨템포러리 댄스는 특정 장르나 스타일의 지칭보다는 지금 진행되는 다양한 스펙트럼을 아우르는 용어에 더 가깝다. 이들은 자유롭게 다양한 예술 장르와 결합하고, 예술가 개별의 개성에 초점을 맞추며 움직임 연구는 물론, 사회 문제, 정치, 인종, 성과 같은 사회적 이슈에 관심을 보인다. 동시대에 일어나는 현대 춤의 특징이 뭐냐고 묻는다면, 각각의 예술가가 계속해서 변화하기에 그 무수한 범위를 몇 개의 단어로 정의하기가 어렵다. 컨템포러리 댄스는 여전히 형성되고 있는 젊은 예술이고, 그 형식과 내용을 끊임없이 재개념화하고 있는 분야다. 영구적인 돌연변이(perpetual mutation)가 적절한 설명이다.

현대 춤의 예측불가능성, 친절하지 않은 메시지와 모호한 개념은 종종 관객을 불편하게 만든다. 공연을 보고 쓰는 반강

안무 이정민 〈From the Next Room〉

현대 춤, 혹은 컨템포러리 댄스 이해하기

제적 레포트에서 학생들은 종종 자기 한계의 고백이나 푸념을 넘어, 이 불가해한 작업을 저주하고 분노한다. 대체 내가 보고 있는 것이 무엇인지, 이 불친절함과 모호함을 폭력으로 받아들이기도 한다. 그 글을 읽다 보면, 역설적으로 현대 춤을 우리 삶에 더 일찍, 더 많이 접해야 한다는 생각이 든다.

예술이 인간의 삶에 필요한 것은, 그것이 나긋한 위로나 따뜻한 환대, 명료한 메시지로 삶을 치장하거나 재충전하기 위한 부가물만은 아니다. 오히려 예술은 우리가 고통스럽게 지탱해야 하는 삶의 부조리함과 양면성을 리허설하게 해준다. 누적되는 실패와 도전 자체가 성공의 지름길이 아니며, 동의된 아름다움이나 눈에 보이는 완벽함만이 성공의 전부임이 아님도 말해준다.

나의 이야기를
춤추다

1974년, 방글라데시인 부모에게서 태어난 아크람 칸Akram
Kahn은 현재 영국 현대 무용을 대표하는 안무가다. 작은 키에
동양인의 외모를 지닌 그는 어린 시절부터 카탁이라는 인도의
클래식 무용을 공부했고, 이 움직임이 안무의 주요 골자가 된
다. 카탁은 고대에서부터 전수되어온 춤으로 섬세한 발 동작과
손 동작, 빠른 회전으로 유명하다. '이야기' 혹은 '이야기꾼'이라
는 카탁의 의미처럼, 전설과 영웅담 등 중요한 스토리텔링과 함

안무 김성훈 〈No Film〉
LDP무용단 | 사진 김두영

께 사원이나 제사, 의식에서 추어진 역사가 깊은 춤이다.

칸은 2002년에 무용수 출신의 프로듀서 파룩 쇼드리와 함께 '아크람 칸 컴퍼니'를 창단했지만, 정작 영국에서는 별다른 관심을 받지 못했다. 그는 벨기에에서 무용을 공부하고 영국 밖에서 공연을 하며 이름을 알리다가, 이후에 영국에 알려진 경우다. 컨템포러리 아티스트답게 연극, 영화, 비주얼아트, 음악과 문학 등 다양한 장르를 넘나들면서 예술가들과 다양한 협력 작업을 펼쳐 혁신적인 예술의 플랫폼을 보여줬다. 설립 당시 5만 파운드의 사업규모가 7년 만에 70만 파운드에 이른 것만 봐도, 상업적 성공이 극히 드문 예술계에서 그의 성취를 가늠할 수 있다.

영국에서 자란 그에게는 동양적인 정서, 약간 한국 춤의 느낌과도 비슷한 리듬이 익숙하다. 실제로 뛰어난 한국 무용수들이 그의 무용단에서 활약하고 있다. 2011년 아크람 칸은《뉴욕 타임스》로부터 '칸의 최고작'이라고 불리는 〈대쉬Desh〉라는 작품을 무대에 올린다. 벵갈어로 고향이라는 뜻의 대쉬는, 칸 혼자 춤추는 80분간의 솔로작품이다. 방글라데시계 영국인으로 살아온 그에게 있어 두 개의 정체성에 대한 탐험이 담겨 있는 작품이다. 그는 자신이 태어나고 자란 영국의 문화와 부모님의 나라이자 마음속 고향인 방글라데시라는 두 개의 문화 사

안무 김성훈 〈No Film〉
LDP무용단 | 사진 김두영

현대 춤, 혹은 컨템포러리 댄스 이해하기

이에서 두 개의 정체성, 두 세대의 간극을 보여준다. 사실 그는 영국에서는 이민자이고, 방글라데시에서는 이방인이다.

아크람 칸과 함께 작업하기도 한 시디 라르비 셰르카위Sidi Larbi Cherkaoui도 비슷한 궤도에 있다. 이슬람 문화권인 모로코 출신 아버지와 플랑드르 지역 출신인 어머니 사이에서 태어난 그는 벨기에에서 성장했다. 다이내믹한 문화적 환경에서 자란 그는 15세에 뮤직비디오를 보고 TV에 나오는 무용수가 되고자 결심한 이후 다양한 춤과 문화를 배운다. 그의 관심사는 춤에 국한되지 않고 영상, 아이디어, 저글링, 애니메이션 등 전방위에 걸쳐 있는데, 덕분에 작품마다 다양한 컬래버레이션을 한다. 그는 "나는 이 모든 것이 가능하기 때문에 춤을 만든다"라고 말한다. 컨템포러리 댄스의 특징을 단적으로 보여주는 예다. 일본 만화에 심취했던 그가 만화의 캐릭터들과 기법을 춤으로 시각화한 〈테즈카Tezuka〉라는 작품은 전통 악사들과 만화가, 애니메이션 캐릭터, 서예, 춤이 뒤섞인 작품이다.

불교신자로서 스님들과 함께 만든 작품도 있다. 그는 중국에서 무술로 수련하는 스님의 모습에 깊은 인상을 받아, 17명의 스님들과 수트라Sutra라는 작업을 함께한다. 무술의 움직임을 안무의 구조로 쓰고, 직사각형의 조형물을 건축적인 구조물처럼 세우기도 하고, 망자의 관처럼 안으로 들어가기도 한다. 마

안무 사무엘 르프브르, 플로렌시아 데메스트리 〈네흐Nerf〉
LDP무용단 | 사진 박귀섭(BAKI)

현대 춤, 혹은 컨템포러리 댄스 이해하기

치, 죽음과 삶의 경계에 연연하지 않는 제법무아諸法無我의 불교적 세계관을 엿보는 듯하다. 무용수는 칸 한 사람뿐, 어느 누구도 무대에 등장하지 않지만 무예와 무용을 시각적으로 연결하면서 그 너머의 세계관을 담아내는 작품이다.

로이드 뉴슨의
약자에 대한 고민

미국 안무가 빌 티 존스Bill T. Jones는 관객과 평단의 비난과 애정의 양극단을 경험해온 예술가다. 그는 흑인이고 게이이며 에이즈(HIV) 양성 판정을 공개한 바 있다. 스스로 늘 죽음의 경계에 한 발을 딛고 있다고 생각한 그는, 직접 치명적 질병을 지닌 이들과 만나 춤을 만들어보는 〈생존 워크숍Survival Workshops〉을 미국 곳곳을 돌며 진행했다.

'죽음의 최전선에서 살고 있는 이들에게 사람들이 모르는 삶과 고통에 대한 진짜 이야기를 듣고 싶었다'는 것이 그가 이 워크숍을 시작한 이유다. HIV, 암의 말기 단계나 시한부를 선고받은 이들이 워크숍에 동참하여 자신의 고통과 죽음에 대한 느낌을 움직임으로 표현한다. 춤을 배워본 적이 없는 이들이 대부분이지만, 죽음의 문턱에서 절망과 회한, 분노와 체념을 오가는 이들의 여과 없는 감정은 작은 움직임조차도 보는 이들을 묵직하게 만든다.

안무자는 이 과정을 담아 〈아직/여기에Still/Here〉 라는 제목의 작품과 다큐멘터리를 만들었다. 무용수들은 참여자들이 만든 동작을 발전시켰고, 참여자들의 인터뷰는 무대 위에서 영상으로 틀어져 생생하게 인용되었다. 이 작품에 대한 반응은 엇갈렸다. 죽음과 삶의 경계에서 만끽하지 못했던 일상을 돌아보고 죽음을 맞이하는 이들의 이야기는 따뜻한 관심을 받기도 했지만, 아픈 이들을 앞세워 관객을 불편하게 한다며 '희생자 예술Victim art'이라는 비난을 받기도 했다.

존스는 스스로 에이즈 환자이자 게이, 소수 인종으로서 차별적인 약자의 환경을 이해하며 상실의 고통을 예술적인 방법으로 표현하는 데 관심이 있었다. 일찍이 그는 자신의 연인이었으며 파트너였던 어니 제인과 무용단을 설립했는데, 제인은 39세의 나이에 에이즈로 죽고 만다. 사랑하는 이를 잃은 상

안무 신창호 | 침묵의 다의성을 움직임의 반복성과 단순성으로 극대화하여 묘사한 작품 〈노코멘트〉
LDP무용단 | 사진 김시내

현대 춤, 혹은 컨템포러리 댄스 이해하기

실감에 그는 〈부재Absence〉를 안무했고, 제인의 죽음 뒤에도 무용단 이름을 '빌 티 존스·어니 제인 무용단Bill T. Jones·Arnie Zane Dance Company'으로 유지했다.

한편, 영국에서 활동하는 안무가 로이드 뉴슨은 1986년 'DV8 Physical Theatre'라는 무용 단체를 시작한 이래, 에이즈, 살인, 동성애 혐오, 장애, 노인, 무슬림 등 사회적이고 정치적인 이슈들을 춤으로 다루어왔다. 그는 호주에서 심리학을 전공하고 심리치료사로 일했는데, 이때의 경험으로 아름답고 멋진 몸의 전시나 테크닉이 아니라 인간의 다양한 심리적, 사회적 상태에 관심을 쏟는다.

"내겐 완벽한 아라베스크보다 자신의 삶을 표현해내는 것이 훨씬 아름답게 느껴진다. 무엇인가를 아름답고 감동적으로 만드는 것은 그 의미와 상황이다"라고 그는 설명한다.

그는 자기복제를 피하기 위해, 성공을 거둔 작품이라도 지나간 레퍼토리를 재공연하지 않는다. 무용단 역시 주역 무용수가 없이 작품에 맞는 새로운 무용수를 매번 선발한다. 그가 작업하는 무용수의 개성이나 몸, 스타일, 인종도 다양하다.

"늙고 뚱뚱하고 신체적 장애를 지닌 무용수들이 계속 무대에 서서 그들의 삶에 대해 이야기하도록 격려받지 못한다면,

무용이라는 장르는 계속 미성숙한 상태로 남을 뿐이다. 나는 무용수들이 그들의 육체, 그 이상을 사용하기 바란다"고 그는 말한다.

그의 작품에는 멋진 영웅이나 스타가 없다. 살인자, 동성애자, 마초, 장애인 등 우리 사회의 부조리를 드러내는 일상적이지만 특별한 개인들이 등장한다. 그는 소외된 이들과 약자를 관찰하지만, 누구의 편에 서서 그들을 대변하기보다는 현실 속 모습 있는 그대로를 생생하게 그려낸다.

"나는 사회·심리적인 면에 관심은 있지만, 어떤 영향을 미칠 생각은 없다. 나는 그저 진실을 보여주려 노력한다. 스타일에 희생되지 않고, 어려운 문제와 정면 대결하는 노력과 정직함이 목표다."

테크닉이라는 함정
혹은 진화

　춤이 시각적인 예술이다 보니, 무용수의 외모만큼이나 눈에
띄는 것은 테크닉이다. 다리를 높이 차 올리고, 공중에서 새처
럼 우아하게 뛰고, 팽이처럼 날카롭게 도는 무용수들의 모습
은 상당히 매력적이다. 무용의 역사를 보면, 테크닉의 발전 후
에는 표현과 의미를 지녀야 한다는 반성이 늘 뒤따랐다. 20세
기 포스트모던 댄스 역시 이런 시각적 테크닉에 얽매이는 것
을 비판했지만, 여전히 무용 전공자들이 가장 많은 시간을 보

내는 것도 테크닉의 연마다.

테크닉은 타고나는 운동감각도 있지만 기본기가 없이는 소화할 수 없는 경우가 많다. 무용수의 노력과 도전이 함축된 부분이라, 콩쿠르나 입시에는 부상을 무릅쓰고 전면적으로 내세운다. 단적인 예로, 아주 극소수의 콩쿠르는 1년에 한 명, 1등을 한 남자 무용수에게 군대를 면제한다. 전성기 무용수들에게는 1~2년의 공백이 은퇴로 이어지는 경우가 많은 점을 감안해, 뛰어난 예술가들을 지원하기 위한 방편이다. 무용수의 생명이 걸릴 수도 있는 그 절박한 기회 앞에서, 참여자들은 좀더 인상적인 퍼포먼스를 위해 위험천만한 테크닉에 또 자신의 생명을 건다. 비록 최소한의 승자가 탄생하지만, 이 치열한 도전은 몸의 부상과 테크닉에 대한 강박을 남겨놓는다.

하지만 테크닉에만 집중한다면, 춤이 서커스 혹은 아크로바틱과 다른 점은 무엇일까? 춤에서 테크닉이란 불가피한 요소인가? 혹은 테크닉 역시 그 의미를 새롭게 재정의할 필요가 있을까?

테크닉은 때로 함정이다. 과도한 확대는 춤의 의미와 예술성을 위협한다. 중국의 클래식 발레는 최근 몇십 년간 엄청난 성장을 이루고 있는데, 그중 광동아크로바틱발레라는 단체는 매우 흥미롭다. 이름처럼 발레 동작과 레퍼토리를 아크로바틱에

안무 차진엽 〈춤, 그녀… 미치다〉
사진 최남웅

접목시킨 단체로, 최근 인기가 치솟자 서구 곳곳에서 세계투어를 하고 있다.

이 발레단의 〈백조의 호수〉 레퍼토리가 가장 유명한데, 새로운 미학적 해석이나 관점보다는 아크로바틱의 정수를 보여준다. 무용수들은 발레의 동작을 중국의 기예를 통해 불가능한 수준으로 극대화시킨다. 단적인 예로 〈백조의 호수〉 2막 장면에서 왕자와 백조의 2인무를 보면, 여성 무용수는 포인트슈즈를 신고 바닥이 아니라 남성 무용수의 어깨에 올라 중심을 잡고 선다. 잠시 뒤에는 왕자의 머리 꼭대기에 올라가서 발끝으로 중심을 잡은 뒤 한쪽 다리를 들고 상체를 완전히 뒤로 젖혀 넘긴다.

처음 TV에서 이 장면을 봤을 때, 나는 내 눈을 의심했다. 무용수는 300년 넘게 축적된 발레의 과학적 움직임 방법론을 뛰어넘고 있었다. 이 동작이 해부학적 혹은 역학적으로 가능한 것인지, 아니 지금 내가 뭘 보고 있는 건지 혼란스러웠다. 장담컨대, 그 어떤 발레리나보다 뛰어난 균형감각이다.

이 영상은 미국 내 방송에서 소개된 이후, 유튜브에서도 유명해졌다. 2004년에 전막발레로 제작되어 서구에서는 동양의 〈백조의 호수〉로 소개되었다. 발레의 핵심은 이 아크로바틱한 듀엣에 기반하고 있다고 봐도 무방하다.

그런데 이 놀라운 발레는 과연 발레일까? 발레 무용수가 보여주는 테크닉의 범위를 극단적으로 극대화시켜 놀라움을 주기는 하지만 역설적이게도 바로 그 지점, 테크닉 이외에는 아무것도 남지 않는다는 것이 바로 맹점이다. 2막은 생일을 맞은 왕자가 홀로 사냥을 하다가 백조가 된 여인과 사랑에 빠지는 장면이다. 왕자는 활로 쏘아 죽이려던 새가, 태어나서 본 가장 아름다운 여인으로 변하는 것에 놀란다. 백조는 자신을 해치려던 사냥꾼이, 실은 늠름하고 감성적인 젊은 왕자임에 운명을 바꿀 기대를 건다.

푸른 달빛의 우울한 신비로움, 그 안에서 솟는 젊은 연인의 기대감은, 왕자의 머리 꼭대기에서 발끝으로 서는 백조의 아크로바틱 아래 실종된다. 대신, 무표정하게 고무인형처럼 몸을 늘이는 백조의 유연성의 한계치가 궁금해지고, 정수리에 꽂힌 포인트슈즈의 압력에 왕자의 두개골에 금이 가게 될까 하는 불안감이 자리잡는다.

아크로바틱의 집중과 디테일에 대한 무신경은 차이코프스키마저 잡아먹는다. 녹음된 차이코프스키는 섬세한 표현력을 잃고 마술쇼의 반주처럼 두근두근거린다. '최악의 차이코프스키의 해석'이라는 비평에 이의를 달 수가 없다. 그래서 이 마법 같은 이야기는 놀라움이 반복되는 마술쇼로 전락해버린다.

비록 현대 무용이 시작하면서 발레의 가식성이나 형식성을 비난했지만, 발레는 300년의 시간 속에서 테크닉 위에 표현력을 획득한다. 발레의 정교한 테크닉은 유연성과 중심감각에 대한 탄성 이상의 의미를 지닌다. 사실 21세기의 관점에서 반인반수와 사랑에 빠진 왕자의 이야기는 얼토당토않아 보인다. 하지만 새의 날갯짓처럼 불안하고 날카로운 백조의 팔 동작은 단순히 새의 흉내가 아니라 우리의 복잡한 인간성을 묘사한다. 헤어나올 수 없었지만 끝끝내 파닥거렸던 노력의 애처로움, 혹은 불가능 속에서 다했던 최선과 그것에 화내지 않았던 인내심 같은.

발레가 귀족 혹은 부르주아의 예술로 과시적인 시각효과가 많았다 하더라도 극장예술로 정치, 문화, 사회의 풍랑 속에서 수백 년을 살아온 것은, 그 테크닉을 넘어서 인간의 이야기를 하는 감성과 표현력을 보여주었기 때문이다. 테크닉이 맥락 없이 전시될 의미는 사라지지만, 반대로 테크닉이 시간이 지나는 동안 다른 의미와 맥락을 형성하면서 작품의 백미가 되는 경우가 있다.

〈백조의 호수〉 3막에서 흑조는 반신반의하는 왕자를 속이기 위해서 32바퀴의 푸에테 피루엣Fouette Pirouette(한쪽 다리로 서서 채찍질하듯이 빠르게 도는 턴)을 보여준다. 애초에 이 동작은 이탈리아 출신의 발레리나가 자신의 장기를 선보이기 위해 삽입한 장면이다. 이전에도 이 테크닉을 선보였으나 작품의 맥락에 더 적절하게 맞아떨어져 오늘날까지 안무로 남은 것은 흑조의 역할에서다. 이 마법같이 빠르고 유능한 턴은 최면을 건 듯 왕자와 궁전 사람들의 의심을 거두고 분위기를 반전시킨다. 흑조의 마력이 설명됨으로써, 왕자는 자신의 연인(백조)도 못 알아보는 얼간이로 전락하지 않는다.

포스트모던 댄스 이후에 테크닉이 거부된 것 같지만, 오히려 테크닉의 개념은 확장되고 있다. 1971년, 미국의 대학생 네 명이 모여 만든 무용단인 필로볼러스는 움직임과 상상력 넘치는 아이디어로 여전히 젊은 감각을 보인다. 한국에서도 공연한 〈섀도우랜드Shadowland〉는 제목 그대로 움직임과 그림자만으로 춤을 재치 있게 끌어나간다. 그림자와 움직임이 계속해서 새로운 장면들을 만들어내어 어려운 해석 없이도 장면을 쉽게 즐길 수 있다. 사실 이들의 테크닉은 엄청난 훈련을 통한 것이지만, 관객이 보는 것은 테크닉에 봉사하는 몸이 아니라 테크닉을 통해 시각적 이미지에 익숙한 관객에게 더 친근하게 다가간다. 그들은 몸과 움직임을 주제로 실험적인 움직임을 만들고 MIT로봇연구소, 록 밴드 등 다양한 협력 작업을 통해 초기의 아방가르드 아티스트에서 대중친화적으로 변모하고 있다.

OK GO라는 밴드와 작업한 〈All is not lost〉 영상은 카메라를 유리무대 아래에 설치하여 무용수들이 마치 중력에서 자유로운 것처럼 보여지게 만든다. 영상을 편집해 무용수들로 패턴을 만들기도 하고 몸으로 알파벳을 연결해 문장을 만들기도 한다. 복잡한 해석의 여지 없이 즐거운 감상이 가능하지만, 정교한 안무의 구성과 아이디어로 2012년 그래미상의 후보에 올랐다.

장르가 혼재하는 컨템포러리 댄스에서는, 아예 서커스 장르에서 출발하는 안무가도 많다. 프랑스의 안무가 필립 드쿠플레Philippe Decoufleé는 프랑스국립서커스학교와 마르셀마르소마임학교 출신으로 미국의 안무가 알윈 니콜라이에게 현대 무용을 배웠다. 그는 1992 동계올림픽 개회식과 폐막식, 1997년 칸 영화제 페스티벌, 월드컵 퍼레이드 등 대규모의 국제행사에서 서커스의 흥겨움과 시각적 요소, 현대적 감각을 결합해 유명해졌다. '유머, 매우 독특한 움직임의 연구, 시각효과의 기술적인 혼합'으로 융합의 시대에 걸맞는 안무가다. 리옹오페라발레단에서 〈태양의 서커스〉까지, 그가 함께 작업하는 단체의 범위도 넓다.

1984년 캐나다에서 두 명의 거리 공연자가 만든 〈태양의 서커스cirque du soleil〉는 90년대 이후 새로운 장르를 탄생시키며 세계적인 확장을 했다. 우스꽝스러운 저글링이나 신체의 학대에 가까운 기교로 인식했던 서커스를 융합된 예술적인 장르로 끌어올렸다. 주제와 스토리라인, 음악, 춤, 서커스, 테크놀로지, 무엇보다 불가능을 가능케하는 상상력의 만남으로, 이들이 보여주는 예술적 상상력과 범위의 확장은 경이롭다. 러시아 기계체조 선수부터 중국의 아크로바틱 공연자, 싱크로나이즈드 선수, 폴 댄서, 현대 무용수, 스트릿 댄서 등 다양한 연기자들과 시각적 효과와 함께 구체화된 상상력을 보여준다. 잡다해지지 않는 다양함의 조율, 캐릭터의 완결성 속에는 마술적 테크닉과 테크놀로지의 도움도 있지만, 아주 디테일한 움직임조차 캐릭터에 반영하는 안무의 영역이 존재한다.

최근 선보인 〈아바타〉는 그 완성도를 넘어 매우 흥미로운 도전이다. 시각적인 재현이 불가능해 인간의 움직임을 따서 3D로 만든 작품을 다시 인간의 움직임을 극대화시켜 2D로 무대화하겠다는, 그 자신만만한 도전에 감탄할 수밖에 없다.

실비 귀렘Sylvie Guillem이라는 전설적인 무용수가 있다. 1965년 생인 그녀는 18세의 나이로 바르나콩쿠르에서 입상한 후로 파리오페라발레단의 최연소 주역으로 활동한다. 발레 무용수의 교본이라 불릴 정도로 탁월한 체형과 정확한 테크닉은 30년이 지난 지금에도 경쟁자를 찾기 힘들다. 롤렉스시계는 그녀가 다리를 180도로 들고 있는 자세와 함께 '귀렘은 이 동작을 정각 6시라 부릅니다'라는 광고를 만들기도 했을 정도다.

세계적인 인기를 누리며 라이벌인 파리오페라발레단과 영국로얄발레단을 오가며 활동한 그녀의 별명은 '마드모아젤 농Non'이었다. 보수적인 발레계에서 자신이 잘하는 것에 안주하지 않고, 항상 도전하기를 원하고 거절하기를 두려워하지 않아 얻은 별명이다. 2001년에 최고의 무용수를 기리는 '니진스키상'의 수상자가 되었지만, 그녀는 예술가에게 상을 주는 문화가 '슈퍼마켓 문화'라며 시상대에 올라 공식적으로 비난했다.

40대가 되자 여느 발레리나처럼 지도자나 단체장의 길을 걷는 대신, 그녀는 컨템포러리 댄서로 전향한다. 요정 캐릭터를 버리고 당대의 가장 혁신적인 젊은 안무가들과 작업했다. 50세를 목전에 둔 그녀는 러셀 말리펀트Russell Malipant라는 안무가와 함께 〈투Two(부제: 상승과 추락rise&fall)〉라는 솔로작품을 올렸다. 움직임과 빛, 사운드의 관계를 실험하는 작업에서 그녀의 움직임을 제외한 모든 것은 최소화되어 있다. 반복적인 기계음, 조명으로 제한된 한 평 정도의 공간. 긴 머리를 땋은 검은 연습복 차림의 귀렘은 '검객은 검술로 말한다'는 것을 보여주었다. 수십 년간 입력된 발레의 움직임과 방식을 벗고 안무가의 주제의식에 적확하게 맞는 움직임에 집중하기. 그 속도와 에너지는 너무 강렬해서 무용수가 마치 빛을 구부리고 변조하는 것처럼 보였다. 테크닉이라는 것이 무용수의 유능함을 극대화하는 과시가 아니라 변화의 가능성에 열려 있는 진정한 내공이라는 생각이 들게 한다.

영원한 밀당,
춤과 음악

음악과 늘 함께하는 무용은 종종 독자성을 의심받는다. 대부분의 문화에서 춤은 음악과 한 몸인 경우가 많다. 그리스신화 속에서 춤을 관장하는 여신인 텁시코어Terpsichore는 음악의 여신인 아홉 명의 뮤즈 중 한 명이다. 기능적으로 음악은 무용수들이 춤출 수 있는 박자와 리듬감을 제공한다. 의미에 있어서 춤은 음악과 같은 내용을 이야기하기도 하고, 그것을 뛰어넘기도, 부정하기도 한다. 예를 들자면, 아주 즐거운 음악으로

안무 전미숙 〈아모레 아모레 미오〉
사진 이도희

깊은 슬픔을 표현할 수도 있고 빠른 템포의 음악에 느린 춤을 출 수도 있는 것이다.

흔히 〈백조의 호수〉라고 하면 '차이코프스키의 백조의 호수'를 말한다. 분명 이 발레에는 프티파와 이바노프라는 안무가가 존재하는데 말이다. 물론 차이코프스키의 음악이 없는 〈백조의 호수〉는 상상하기 어렵지만, 사실 작곡자 사후에 프티파가 상당히 편곡을 많이 한 음악이기도 하다. 지금은 차이코프스키가 훨씬 더 유명하지만, 발레가 제작될 당시 프티파의 갑질은 악명 높았다. 당시의 관습으로는, 발레 음악가들은 춤의 주제의식보다는 춤추기에 적절한 왈츠나 미뉴에트처럼 박자가 딱 맞아 떨어지는 음악을 주로 작곡했다. 심지어는 마치 옷감 장사처럼 미리 작곡해두었다가, 안무가가 요구하는 길이만큼 잘라서 편곡하는 것으로 악명 높은 작곡가도 있었다. 그러나 차이코프스키는 매우 교향악적으로 발레 음악을 작곡했고, 그 드라마틱함은 발레에 생명력을 부여했다.

춤이 음악에 종속되는 예술이라고 생각하는 사람들도 있다. 안무가 중에는 음악과 밀접한 관계를 실험하거나, 반대로 이로부터 벗어나는 실험을 하기도 한다. 이사도라 던컨은 음악이 영감의 원천이라 주장하며 베토벤, 쇼팽, 브람스의 음악을 반주로 사용했다. 이는 당시 논란이 되기도 했는데, 춤을 위해 작곡

현대 춤, 혹은 컨템포러리 댄스 이해하기

된 음악이 아닌 거장의 음악을 사용했기 때문이다. 던컨에게는 당시 진지한 예술로 인정받지 못했던 춤을 베토벤, 쇼팽, 브람스 같은 대음악가의 반열에 올려놓으던 야심이 있었던 것이다.

한편 음악적으로 매우 뛰어난 안무가도 있다. 뉴욕의 안무가 마크 모리스는 이렇게 말한다. "나의 영감은 언제나, 언제나, 언제나 음악이다". 그는 어린 시절 집에 불이 나서 살림살이가 모두 타버리자, 피아노를 가장 먼저 샀을 정도로 음악을 사랑했다. 음악적 재능도 뛰어나 악보를 보며 안무 작업을 하는 것으로도 유명하다. 젊은 시절 의상비가 없어 재활용 쓰레기통을 뒤져 만들 때도, 작업비의 대부분을 뮤지션을 섭외하는 데 썼다.

그는 요요마나 뉴욕시티오페라 등 음악가들과 작업하고, 퍼셀의 오페라 〈디도에 이니아스〉를 비롯해, 헨델, 모차르트의 음악을 춤으로 해석한 작품을 만들었다. 그의 음악에 대한 밀접한 관계성에 대해 《뉴욕타임스》의 평론가는 '음악의 노예적인 해석' 혹은 '미키마우싱'(미키 마우스 만화처럼 움직임에 음악이 결합되었다는 뜻)이라 비난하지만, 그는 그닥 개의치 않는다. 그는 그 비난에 30여분간 음악 없이 진행하는 〈베헤모스Behemoth〉라는 작품을 내놓았다. 놀랍게도 절대적 무음에서 시작한 춤은 무용수들의 숨소리, 발소리, 옷 스치는 소리, 관객의 기침 소리 등 극장에서 자연스레 발생하는 소리로 그 음악성을 획득한다.

한편, 포스트모던 댄스의 대표주자인 머스 커닝햄은 도전자였고 실험가였다. 그는 그레이엄무용단에서 5년간 활동했고, 아메리칸발레학교에서 2년간 수학하면서 움직임에 대해 연구했다. 하지만 발레와 현대 무용과 달리, 그는 춤이 모든 것의 중심이어야 한다고 생각했다. 특히 그의 실험 중에는 음악을 배제하려는 실험이 유명하다. 그는 현대음악가 존 케이지와 협력작업을 했는데, 그의 무용단은 늘 춤과 음악을 분리하여 독자적으로 작업했다. 즉, 음악가와 기본적인 주제에 대한 아이디어를 나눈 뒤 춤은 춤대로, 음악은 음악대로 각각 따로 만들어 공연 당일에 보여준다.

1953년 〈우연에 의한 조곡〉에서는 공간, 시간, 위치 같은 요소를 도표로 만들고 동전을 던져서 다음 움직임을 결정했다. 이는 우연에 의한 안무로, 춤을 여러가지 요소들로부터 독립시킨 시도였다.

이같은 무용가들의 실험 덕분에, 컨템포러리 댄스에서는 음악은 하나의 요소일 뿐 춤의 결정적 요소로 작용하지 않는다. 클래식 발레처럼 춤과 음악이 맞춤옷처럼 완벽한 결합이 되기도 하고, 미리 준비한 사운드만으로 작업하거나, 음악 자체를 해석하거나, 혹은 완전히 독립적일 수도 있다. 다른 모든 자유로운 관계처럼 공존과 병행, 부재와 결합이 모두 가능하다.

4

춤,
우리 사회를
비추는 지형도

'춤이 없는 문화는 없다'고 할 정도로 춤은 각각의 문화마다 고유하게 존재해왔다. 그 가치에 대해서는 동서양의 주요 문명이 꽤 인색하기는 했지만, 춤은 인간의 몸으로 행하는 가장 인간적인 행위다. 춤은 예법, 규범, 성적 관계 등 지배적 사회 규범에 순응하는 중요한 교육적·정치적 기능도 담당한다. 결혼식에서 춤을 추는 문화가 있는가 하면, 장례식에서 춤을 추는 문화도 있고, 세례식에서 춤을 추는 문화가 있는가 하면, 할례를 받을 때 춤을 추는 문화도 있다. 이는 무속신앙이나 부족 공동체서만 일어나는 것이 아니라, 발레처럼 고도로 정교한 예술적 형태에도 마찬가지로 드러난다.

한편, 각 사회의 춤은 예절, 행동양식, 문제해결, 성 역할, 상호작용, 실질적 관계에 대해서 암시한다. 유럽의 커플 댄스는 17세기 바로크 시대까지만 해도 지그나 미뉴에트처럼 남녀가 대칭적으로 패턴을 그리는 춤을 추었다. 그러나 19세기경 이성과의 접촉과 로맨스에 관대한 사회적 환경에서 남녀가 거의 껴안는 형태인 왈츠가 대유행한다. 왈츠 열풍에 유기된 아이들을 가리키는 '왈츠고아'라는 단어와 점잖치 못한 왈츠를 추지 않겠다고 선언한 독신남의 기록을 보면, 당시 춤이 일으킨 사회적 반향을 엿볼 수 있다.

춤추는 여성,
그리고 남성

　조안 킬리노호모쿠Joann, W. Kealiinohomoku라는 무용학자는 1970
년에 발표한 논문 〈인류학자는 발레를 민족무용의 하나로 본
다〉에서 발레가 여타의 민족무용처럼 유럽의 문화적 전통과
관습, 가치관을 드러내고 있음을 말한 바 있다. 황실과 귀족들
의 예술이었던 발레는 그들의 성적 역할에 대한 관습과 예법,
가치관 등을 춤 곳곳 – 무용수들의 태도, 움직임, 의상, 내러티
브 – 에 반영하고 있다. 위험에 빠진 아름다운 공주와 구원자로

서의 왕자, 전제군주제의 배경은 물론이고 무용수들의 수직적
이고 귀족적인 몸의 자세, 군무가 움직이는 대칭적이고 기하학
적인 패턴, 엄격한 발레단의 위계질서, 여성 무용수를 에스코
트하는 남성의 기사도 등 그 흔적은 무수하다.

발레의 이야기는 위기에 처한 미녀와 좋은 신랑감이 될 만
한 늠름한 남성의 사랑 이야기가 주요 골자가 된다. 역사적으
로 볼 때, 발레는 젊고 아름다운 무용수를 선호하고 일상적인
삶과 노동보다는 성적 표현, 사랑과 결혼에 관한 이슈를 쉽게
표현한다. 발레는 황실과 부르주아의 가부장적 기반 아래, 고
정된 성 역할과 '결혼은 여성의 운명'이라는 메시지를 반복한
다는 지적을 받아왔다. 클래식 발레의 내러티브는 남자에게 종
속되고, 대안 없이 결혼을 선택하는 수동성, 자기희생이 미덕
으로 여겨진다.

클래식 발레가 사랑과 완전한 결혼에 대해서 노래했다면,
1923년 여성 안무가인 니진스카가 안무한 〈결혼〉의 장면은 매
우 대조적이다. 러시아 농민의 가정에서 성장한 니진스키가 목
격한 결혼은 새가 노래하는 달콤한 사탕나라가 아니었다. 어린
신부에게는 고된 노동과 책임, 헌신이 강요되었다. 결혼은 비둘
기가 휘날리는 파티가 아니라 소중한 어린 딸에서 시댁의 노동
력으로의 고통스러운 전환이었다. 신부의 길게 땋아 내린 머리

안무 전미숙 | 여성의 나팔관을 나팔꽃에 비유하여 여성성의 의미에 대해 질문을 던진 작품
〈나팔꽃이 피었습니까〉| 사진 최영모

춤, 우리 사회를 비추는 지형도

안무 전미숙 | 소외된 현대인의 삶을 섬세한 안무 구조로 그린 작품 〈묻지 마세요〉
사진 이도희

를 마을 처녀들이 밧줄처럼 사용하는 장면이나 억제된 개인적 감정의 표현과 집단적인 움직임은 여성 안무자의 새로운 시각을 보여준다.

발레는 여성 예술가들의 활약이 남성에 비해 두드러진 특이한 분야다. 하지만 애초에 발레가 탄생한 17세기에는 직업 여성 무용수는 허락되지 않았기에 왕이 여성의 캐릭터를 춤추었다는 기록까지 있다. 19세기 낭만 발레로 시작된 여성 무용수들의 폭발적인 인기는 남성 무용수의 하락으로 이어졌는데, 이 시기에 남성 무용수들은 여성을 들고 보조하는 수단으로 폄하되었다. 오죽하면 전차운전자를 밤에 파리오페라발레단의 남성 무용수로 고용하자는 어이없는 의견이 나왔겠는가.

무용에서 성性에 대한 자연의 기여 정도를 보면, 남자는 키가 크고 체중이 많이 나가고 근육질이고 빠른 편이다. 여자 무용수들이 10세 이전에 무용을 시작해서 오랫동안 훈련 기간을 거치는 반면에, 남자 무용수들은 비교적 늦은 10대 후반에 시작해도 몇 년 안에 따라잡는 경우도 많다. 반면 여자는 땀을 적게 흘리고 체지방을 쉽게 보존해 지구력 활동에 익숙하다. 상체 근육이 약한 대신 힙과 다리에 체중이 집중되어 낮은 무게중심을 가진다. 하지만 이런 생물학적인 차이는 춤의 성 역할을 구분하기에 절대적이지 않고 개인의 차도 크다. 더 의미

있는 차이는 남녀의 사회적인 격차에서 드러난다.

한 연구에 따르면, 더 많은 남자가 무용에서 풀타임으로 직업을 갖고 전문직으로 중요한 지위를 차지하기에 유리하다고 한다. 여성 무용수의 수가 전통적으로 강세였지만 제작, 대본가, 안무가, 트레이너 등 지적인 부분은 다른 분야처럼 남자가 많은 것도 반전이다. 남자는 평균적으로 더 오랜 기간 동안 춤출 기회를 갖고 여자보다 8년 뒤에 정년을 마친다고 한다.

발레리나인 젤시 커크랜드는 1986년에 "발레안무가 조지 발란신은 여자 무용수가 생각을 하거나 아이디어를 제시할 수 없다고 생각한다"고 폭로한 바 있다. 춤이라는 장르 자체가 여성을 배제하는 경우도 많다. 탭 댄스는 초기에는 남자들의 배틀식 댄스였고, 1980년대에 극장에 와서야 여성도 시작했다. 유니섹스 형태와 역할의 전환이 시작된 것은 20세기 후반이다. 여성적인 예술로 인식되어온 춤의 또 다른 반전이다.

살로메 콤플렉스,
두려움 혹은 관음증

춤의 대가로 세례자 요한의 목을 요구한 공주 살로메는 성경이 기록하는 최악의 댄서다. 그녀는 남성을 파멸시키는 유혹적인 팜므파탈의 상징이기도 하다. 살로메 이야기는 마태복음(14:3-12)과 마가복음(6:17-29)에 나오지만, 살로메의 춤이나 의도에 대해서는 언급이 없다. '헤로디아의 딸이 들어와 춤추어 헤롯을 기쁘게 하였다'는 짤막한 기술에는 살로메라는 이름조차 언급되지 않는다. 이는 후에 유태인 학자에 의해 밝혀진 이름이다.

배경을 보면, 헤롯왕은 자기 형의 아내인 헤로디아를 두 번째 부인으로 삼았는데 세례자 요한이 이를 공공연히 비난하였다. 헤로디아는 요한을 죽이고 싶어했으나 그의 명예와 성스러움을 두려워한 왕의 눈치를 보다가 자신의 딸을 이용한 것이다. 의붓딸의 춤에 흡족해진 헤롯은 '원하는 것이 무엇이든지, 내 왕국의 절반이라도 줄 것'을 약속한다. 딸은 어머니에게 달려가 "내가 무엇을 원하리이까" 하고 물었고 "세례자 요한의 목" 이라는 답변을 듣는다.

의도적인 살인자라는 오명과 달리 사실, 살로메는 어머니에 의해 조종되는 어린아이에 가깝다. 헤롯왕은 결과가 두려웠으나 약속에 대한 명예를 지키고자 요한의 목을 치라 명한다. 세례자 요한의 성스러운 힘은 이름조차 언급되지 않은 소녀의 춤 앞에서 부서진다. 남성 관객의 즐거움을 위한 관조의 대상이었던 살로메의 춤은 신의 메신저의 목을 자르는 현실의 힘을 갖는다. 살로메에 대한 디테일한 기록의 부재는 사람들의 호기심을 더 자극했다.

살로메에게 목소리와 살, 춤을 준 것은 서구의 예술인들이었다. 그리스 시대부터 오늘날까지, 시대에 따라 살로메는 다르게 표현된다. 기독교의 교리가 지엄했던 중세시대에는 살로메가 아름답게 묘사되지 않고 성이 모호한 광대로 묘사된다. 르네상스에 이르러 카라바조의 그림에서 살로메는 유혹적인 댄서라기보다는 가혹한 운명에 갇힌 순수한 처녀로 그려진다. 아름다운 악녀로 다양한 해석이 이루어진 것은 19세기였다.

중세의 예술가들에게 동정녀 마리아가 그러했듯, 19세기의 예술가들에게 살로메는 폭발적으로 인기 있는 소재가 된다. 무려 2789명의 프랑스 시인이 살로메에 대한 시를 썼고, 미술부터 오페라, 무용에 이르기까지 많은 예술 장르에 등장한다. 구스타프 플로베부터 요한 스트라우스까지, 성경에 드러나지 않은 살로메의 여성스러운 몸과 매력, 그리고 춤을 묘사했다.

19세기 동안 살로메는 급진적으로 예술가들에 의해서 인격화되면서, 순진하고 순종적인 소녀에서 복수에 찬 허영스런 춤을 추는 악녀로 재탄생한다. 살로메는 불경스러운 헤로디아의 딸이자 세속적이고 타락한 몸의 상징으로, 세례자 요한의 성스러운 영혼과는 대비된다. 그녀는 죄를 저지르는 데 자신의 매력과 성을 활용하는 무용수이며 살인자다. 와일드의 연극에서 살로메는 죽은 요한의 입술에 키스를 하면서 네크로필리아와 페티시즘도 덧붙여진다.

학자들은 19세기 말 살로메의 캐릭터가 여성의 성에 대한 가부장적인 두려움의 극단적 인격화라고 지적한다. 동서양을 막론하고, 춤에 대한 부정적인 암시는 '남성을 타락시킨다'는 성적인 방종과 타당한 근거 없이 묶여 있다. 발레 초기, 발레아카데미에서 여성 무용수는 금기시된 것과 가부키가 공공질서를 위해 여성 공연자를 금지한 것 등에도 드러난다.

살로메는 성스러운 동정녀 마리아와 대척점에 선다. 대중 앞에서 자신의 몸을 전시하며 춤추는 여성은 성녀보다는 그 반대편이다. 귀스타브 모로의 그림 등에서 살로메는 거의 누드로서서 아름다운 몸을 드러낸다. 공주라는 신분에도 불구하고 남성의 관음증을 만족시키는 한편, 죄 없는 남성을 죽음으로 몰고가는 작가의 여성혐오 감정까지 드러낸다. 재미있는 것은, 살로메는 서양 여성이 아니라 기독교의 세례를 받지 않은 동양의 여성으로 묘사된다. 그녀는 성경 속 인물이지, 기독교의 도덕관에 따르지 않는다.

동양에 대한 강한 에로시티즘은 노골적이다. 귀스타브 모로의 그림이 그려진 시기는 파리에서 낭만 발레가 활발하게 이루어질 때였다. 그러나 살로메의 복장, 베일, 보석, 누드, 맨발은 발레의 형태보다는 중동의 벨리 댄스에 더 가깝다. 그러나 살로메의 복장이 동양적이라 할지라도, 그녀의 꼿꼿한 자세와 팔의 자세, 목선의 포즈 등은 발레의 포즈에 가깝다. 탈리오니가 요정 캐릭터를 위해 〈라 실피드〉에서 선보인, 발끝으로 서서 춤추는(Sur les pointes) 테크닉과 유사하다.

흥미롭게도, 살로메의 팜므파탈의 악마적인 면과 아름다운 여성의 관능적인 판타지는 로맨틱 발레의 캐릭터를 연상시킨다. 로맨틱 발레인 〈라 실피드(1932)〉, 〈지젤(1841)〉에는 남성을 유혹하는 비인간인 여성 캐릭터가 등장한다. 그들은 어린아이 같고 순수하고 연약하지만, 여전히 유혹적이며 남성을 파멸로 이끈다. 마치 살로메의 정신적 쌍둥이처럼 말이다.

아이돌,
우리 시대의 춤추는 우상

2000년대 이후 케이팝K-pop 문화, 특히 케이팝 댄스는 중요한 현상이 되었다. 이전 시대의 노래와 스피치가 대중 앞에서의 자기표현이었다면, 요즘 세대는 자기소개를 춤으로 요구받는다. 이는 무용 전공자들도 예외는 아니어서, 모임이나 학교 행사에서는 아이돌의 춤을 초고퀄리티로 재현해준다.

대체 우리 시대 우리 아이들은 무엇을 춤추는 걸까? 미디어는 아이돌의 이미지를 반복하여 재생하고, 그들의 몸과 춤은 춤의 교본이 되어버렸다. 아이돌들이 '안무 연습'이라 부르는 요상한 단어는 안무(Dance-making), 즉 춤을 만드는 창의적 과정이 아니라, 주어진 스텝을 반복적으로 연마하는 과정을 의미한다. 감성이나 생각 같은 춤의 인간적인 부분보다는, 신체적 매력을 강조하는 율동과 음악에 맞춘 반복적인 정형성이 춤의 내용을 차지한다.

아이돌은 성별에 따라 조금 다른 양상을 보이는데, 여성은 연주나 작곡이 가능한 밴드보다는 춤과 노래를 강조한 걸그룹이 많다. 2017년 상반기 기준으로, 활동 중인 걸그룹만 180여 팀에 이른다. 이 밖에도 아이돌을 꿈꾸며 기획사에서 훈련 중인 연습생만 100만 명이라는 뉴스 보도도 있다. 연습생은 말 그대로 가능성일 뿐이어서 실력, 운, 소속사 등 여러 요건에 의해 실제 데뷔하여 성공하기까지는 하늘의 별따기다.

아이돌에게 춤은 노래만큼, 혹은 노래 이상으로 중요하다. 연습생 대부분은 안무 연습이라 부르는 춤 연습과 외모, 신체 가꾸기에 전폭적으로 투자한다. 1500칼로리에 맞춰진 식단, 164cm 이하는 38kg에 맞추는 걸그룹의 신체 기준을 보면, 이들의 몸은 개성의 차원보다는 기획사의 상품으로 관리되고 있음을 의미한다. 날씬한 몸매는 매력과 자기계발의 성공적 지표가 되고, 아이돌의 '춤추는 날씬한 몸'은 '○○○의 뒷태, 꿀벅지' 등으로 브랜드화된다. 인터넷 뉴스를 보면, 쇄골미인에 이어 골반미인, 치골미인에 이르기까지, 해부학적 용어와 성적 매력의 지칭이 결합하는 매우 요상한 언어 체계를 매일 목격할 수 있다.

그런데 이 브랜드화된 '춤추는 몸'은 얼마나 춤추는 개인에 대하여 말하고 있는 걸까. 과연 전인적 인간으로서의 한 여성이 춤에서 소개되는 걸까? 학생들에게 '소녀시대'의 초기 뮤직비디오와 최근의 공연 영상을 비교해보라고 하면, 여러가지 답들이 나온다. 무대 매너가 여유 있고 성숙해졌다. 칼 군무에 집중하지 않고 개인의 팬서비스에 더 치중한다. 안무에 집착하지 않는다. 그러나 가장 중요한 공연자의 변화, 즉 제시카의 부재不在는 좀처럼 언급되지 않는다. 9명에서 8명으로, 홀수에서 짝수로 전환되며, 센터를 꼭지점으로 하던 대형의 변화는 보다 대칭적으로 완화된다. 그러나 무용수의 결원이 춤의 구조나 의미에 영향을 거의 미치지 않는다는 점은 흥미롭다.

우리가 보고 있는 것은 춤일까? 몸일까? 혹은 춤추는 몸의 부분들일까? 관객의 시선을 편집으로 유도하는 뮤직비디오는 춤의 포인트가 율동인지 몸인지, 보다 명료하게 말해준다. 특정

강력한 배틀 형식을 지닌 비보잉의 한 장면
영국 UK B-BOY 챔피언십 우승자 디퍼(김기헌) | 사진제공 디퍼

춤, 우리 사회를 비추는 지형도

안무 장은정 〈육식주의자들〉
사진 이현준

포즈나 신체 부위를 강조하고, 춤추는 신체를 음식이나 사물로 빗대는 성적인 은유는 보편적이다. 무엇보다 정해진 안무가 아무리 신나고 아름답다고 해도 단단하게 음악에 장착된 움직임의 입력과 훈련의 결과물에 불과할 때, 그 의미는 소소해진다. 고유성과 의미가 증발해버린 밋밋한 춤추기(Dancing)의 반복재생을 우리 시대의 춤으로 인식하는 것은 씁쓸하다. 그 재주가 아무리 기쁘고 기특하다 할지라도 말이다.

픽미픽미!
무한경쟁의 생존자

파리오페라발레단은 입단할 때도 치열한 경쟁을 뚫어야 하지만, 입단 후에도 매해 전 단원이 참석하는 오디션을 통과해야 한다. 무용수들이 오디션장에 등장해 두 개의 솔로작품을 춤추면, 11명의 심사위원이 무용수의 1년 동안의 위계를 결정한다.

위계는 군무진인 콰드릴Quadrille, 군무의 리드격인 코리페Coryphée, 솔리스트인 쉬제Sujet, 제1 솔리스트이자 주역급인 프리

미어 당쉐Premier danseur로 나뉜다. 이 단계에서 뛰어난 성과를 보이면, 최상급인 당쉐 에뚜왈Danseur étoile로 지명될 수 있다. 총 154명의 무용수 중 수석급은 약 16명에 불과하다. 각각의 위계에 따라 맡게 되는 역할은 물론, 각 단계마다 15% 정도의 연봉의 격차가 있다. 더불어 지도자, 대기실, 연습실, 마사지, 클래스 등 무용단 내에서의 처우가 달라진다. 17세기의 신분제도처럼 재능에 따른 계급의 위계는 엄연하다.

이 발레단에는 매우 흥미로운 레퍼토리가 있다. 데피유 드 발레Défilé du Ballet라는 갈라 퍼레이드다. 어떤 내용을 담은 발레가 아니라, 약 15분간 150여 명의 무용수 전체가 차례대로 등장하여 관객에게 인사를 하는 것이 전부인 작품이다. 베를리오즈의 트로이행진곡이 웅장하게 나오는 가운데, 이 화려한 무대에서 무용수들이 보이는 동작은 걸어 나오기와 인사하기, 단 두 동작이다.

이 단순한 구조에도 불구하고, 이 거대한 퍼레이드가 보여주는 위계의 엄격함은 흥미롭다. 우선 발레에 녹아 있는 기사도 정신을 발휘해 여성이 먼저 등장한다. 첫 번째로 어린 발레학교 학생들이 등장하고, 다음은 군무진, 솔리스트, 주역급이 차례로 나온다. 먼저 나온 군무진들을 아름다운 대형으로 집합하여 인간 장식물처럼 무대를 꾸민다. 이 단순한 구조에도 위계에 따라 디테일이 달라진다. 군무진들은 5명씩 등장하지만 솔리스트는 2명씩 주역 무용수들은 한 명씩 인사할 기회가 주어진다. 의상 역시 차이가 있다. 같은 흰 의상을 입어도, 주역은 머리에 티아라를 쓰고 가슴 부분에는 비드 장식이 추가된다.

그런데 대체 이 작품의 의미는 무엇일까? 화려한 극장의 건축적 자산, 음악 제작력, 300년의 역사성을 지닌 레퍼토리, 최고 수준의 교육 방식과 무용수는 이 발레단의 세계적 명성을 수긍하게 한다. 그러나 154명이 차례로 정면을 향해 걷는 단순한 움직임은 이 발레단의 가장 중요한 자산이 무엇인지 한눈에 보여주며 관객을 압도한다. 위풍당당하게 나오는 무용수들은 하나하나 모두 이상적 체형과 실력을 갖추고 있다. 완벽한 준비 자세와 인사만으로도 느껴지는 무거운 내공, 그리고 미세한 차이로 준엄하게 갈리는, 최대치의 경쟁을 통해 유지하는 엄격한 위계 역시 자산의 일부임을 확인시켜주는 것이다.

이 작품을 보다가 떠오르는 프로그램이 있다. 국내 46개 기획사에서 모인 101명의 여자 연습생을 오디션하여 걸그룹으로 데뷔시키는 취지를 내걸었던 프로그램이다. 보통의 서바이벌 프로그램에서 기획사 사장이나 유명 가수가 지녔던 결정의 권한을 시청자에게 부분적으로 이양한다. 참여자들의 범위는 넓

안무 도황주 〈Contact(부제 '변 : 태')〉
사진 옥상훈

었다. 연습 기간 3개월~10년, 나이 15~29세, 대형 기획사 출신
인지 아닌지, 데뷔를 했는지 안했는지. 이런 요소들은 그들의
경력이 되기도, 차별의 근거가 되기도 했다.

참여자들은 일주일 단위로 오디션을 받는데, 그 결과에 따
라 A B C D F 등급으로 나뉜다. 참가자들은 등급이 쓰인 각기
다른 색깔의 티셔츠를 입고 촬영한다. 이 재능, 혹은 노력의 등
급화는 중간 평가가 되어 최초의 공연무대로 이어진다. 이 등
급을 최대한 효율적으로 가시화하기 위해 제작팀은 삼각형 무
대를 4개의 파트로 나누고, 97명의 참여자들은 등급에 맞게
차례로 등장한다. 곡이 시작되면 A파트만 등장하고, 무대가 움
직이면서 차례로 B-C-D-F 참가자들이 등장하게 된다. 등급에
따른 방송 노출의 차이는 압도적이다. 무대 구조의 높이 차이,
의상의 차이(A그룹의 어깨에는 화려한 휘장이 달려 있다). 무대의
높낮이, 카메라의 앵글은 이 재능의 봉건제를 촘촘하게 뒷받침
한다. 2절이 되어서야 합류하는 C그룹, 노래 끝 무렵에서야 조
명도 받지 못하고 무대 아래에서 춤추는 F그룹의 모습은 타인
의 취향에 의해 결정되는 계급사회를 한눈에 보여준다. 97명의
참여자가 부르는 '픽미픽미'라는 단순 반복적인 노래는 그 경
쟁의 맥락 안에서는 처절하게 들린다.

진행자는 이 살벌한 오디션 등급이 그들의 꿈의 등급이 아

니라고 강조하지만, 경쟁의 치열함은 시청자에게도 내면화된다. 참여자들의 경쟁과 팬덤의 경쟁. 걸그룹을 꿈꾸는 연습생들의 내신 성적은 공개되어 채점되고 그 반응과 감정은 공유된다. 100원의 문자 이용료를 내면, 영상의 소비자들은 경쟁의 투표권마저도 살 수 있다. '나만의 걸그룹'을 DIY할 수 있다는 가상의 권한은 방송이 끝날 때까지는 유효하다.

나의 취향으로 타인의 재능을 선택하는 과정은 어떤 의미일까? 우리가 선택하는 것은 가장 재능 있(다고 판단되)는 사람일까, 혹은 그의 성공이 가장 타당하다고 생각되는 사람일까? 경쟁에 치인 현대사회에서, 우리가 대중문화를 소비하는 방식은 무언가 특이하다. 우리를 위로하는 소녀들이 우리 대신 경쟁해서 이겨주기를, 살아남기를 기대한다. 마치 가상의 아바타처럼 말이다.

나는
왜 춤추는가

 예술 장르의 벽이 허물어진 것은 이미 익숙한 일이지만 예술가의 경계도 흐릿해진다. 요즘 유럽에서 활약하는 안무자들 중에는 어린 시절부터 춤을 배운 무용수가 진화해 안무가로 성장한 예보다, 무용수로서의 백그라운드가 적거나 다른 분야를 공부한 안무가들이 더 많이 눈에 띈다. 서커스 단원, 음악가, 배우 지망생, 작곡가 같은 관련 분야 출신도 있지만 아예 심리상담가, 생화학박사, 티켓판매원, 회사원 등 완전히 다른 분야에서 안무에 관심을 갖게 된 경우도 많다. 이유는 뭘까? 반복적인 훈련으로 유년기를 보낸 콩쿠르요정의 경력보다, 평범한 일상 속에 겪게 되는 개인으로서의 삶이 그리고 축적된 목격과 관찰의 경험이, 예술작품 속 고유함을 드러낼 수 있는 저력이 되기 때문일까?

최근 몇 년간 나는 '모든 인간은 무용수'라는 화두로 전공생이 아닌 학생들에게 무용수업을 진행해왔다. '신체와 의지만 있는 몸치와 문외한 씨들을 위한 수업'이라는 설명 덕분인지, 학생들은 씩씩하게 자신을 드러낸다. 자신의 움직임에 관대하며 일상에서 움직임의 소재를 찾는 이들의 작업은 흥미롭다. 정해진 스텝을 주는 일도 없고, 그저 신나게 '춤추기(dancing)'에만 집중하지도 않는다. '움직임으로 자신을 이야기하다'라는 주제에 맞게 학생들의 움직임 실험은 학기 끝에 팀 프로젝트인 공연으로 마무리된다. 주제를 탐색하고 움직임을 만들고, 추고, 감상하고, 토론하는 복합적이고 정교한 춤의 과정을 함께해보는 것이다.

이 경험 덕분에, 운 좋게 나는 한 무용단과 함께 '무용학교'라는 이름의 교육 프로그램을 기획하게 되었다. 스무 살부터 50대 아저씨까지, 무용학교의 참가자들은 이유도 사람도 몸도

원하는 것도 다양했다. 'TV에서 보니 멋져 보여서', '자기표현을
하는 방법을 알고 싶어서', '남 앞에서 춤을 춰보고 싶어서', '하
루종일 손님에게 시달리는 걸 위로받고 싶어서', '아이 둘 돌보
는 게 너무 힘들어서', '좋아하는 무용가를 만나보고 싶어서'.
흥미로운 것은, 요즘은 춤을 이해하기 위해 춤을 '보는' 대신,
직접 '만들고 춰보기'를 선택하는 사람이 꽤 많다는 점이다.

　다양성의 존중, 움직임의 자발성, 참여 중심이라는 방향성
아래, 기획자인 내가 하는 일은 단순했다. 좋은 아티스트가 늘
좋은 교사가 되는 것은 아니므로 좋은 리더인 아티스트를 모
으고, 한 명 한 명에게 피드백을 줄 수 있는 '교사 대 학생'의
비율을 유지하며, 장구, 피리, 드럼, 색소폰, 건반 등 그들이 원
하는 뮤지션을 초대하고, 이들이 행복한지 종종 확인하는 경
비원 역할이다. 프로그램 평가지의 마지막 문항은 만족도에 관
한 것이었는데, 빈번하게 눈에 띄었던 답변은 '그동안 행복했다'
였다(유사한 빈도로는 '탈의 공간이 없어 불편하다'는 지적이 있었
음을 미루어보건대, 인간이 행복하다고 해서 비판적 사고를 안하는
것은 아니다).

　나는 춤출 때 행복한가? 춤출 때 진정 나다웠는가? 무용수
들에게 던지면 침묵으로 돌아오는 질문이, 이들에게는 당연했

무용학교 쇼케이스 중에서 | 사진제공 국립현대무용단 | 사진 송소연

춤, 우리 사회를 비추는 지형도

다. 주 3회 신장 투석을 하면서도 한 번의 결석이 없는, 우리가 애지중지하는 한 무용수가 고백했던 말도 바로 이 단어였다. 춤추는 순간이 '행복'하고, 그래서 수요일을 기다리게 된다고.

물론, 행복한 사람들의 날것의 움직임이 항상 의미 있고 지루하지 않으며 아름답기만 한 것은 아니다. 나의 학생들은 종종 "이유가 있는 움직임만을 만들려다 보니 머리에 쥐가 날 것 같다"던가(그 머리에 쥐나는 과정이 창작이라 부르는 노동임에도 불구하고), "신나게 춤추려고 이 수업을 신청했단 말이에요"라고 항변하며, 하나씩 쌓아올린 움직임을 신나는 칼 군무로 바꾸어 나를 슬프게 하기도 한다. 하지만 춤의 의미와 가능성을 여실히 보여주는 것도 이 문외한 씨들이다. 스스로의 몸을 검열하지 않고, 관객의 호의, 취향, 혹은 쉬운 동의에 매달리지 않으며, 자신의 의도를 정당화하지 않는다는 것만으로도 예술의 진솔함에 한 발짝 가까워진다.

이들의 춤은 삶의 경험만큼 제각각이나, 덕분에 삶의 양면성만큼은 고스란히 드러난다. 움직임은 심심할지언정 시시하지 않고, 꾸미지 않았으나 망설임도 없고, 설령 겁먹더라도 자신을 포기하지 않는다. 이 양면성이 확인시켜주는 것은, 인간의 고유성이 무척이나 존엄하다는 거다. 우리의 무용수가 어두운 극장에서 양팔을 하늘 높이 들었을 때, 나는 인간의 존엄성을 그

때만큼 생생히 느껴본 적이 없다. 장미 덩쿨처럼 그의 팔을 덮은 울퉁한 혈관들이 그의 삶과 병과 외로움을 드러내는 순간, 그는 가장 솔직하게 말했다. "나는 자유로워지기 위해 춤을 춥니다".

다양성의 발견, 다름의 찬미. 춤으로 드러내는 춤이 지닌 가장 소중한 의미를 깨닫는 순간이었다. 맞다. 춤을 통해 확인하는 인간의 존엄성. 어쩌면 고통스럽게 현실을 버텨온 어른들에게 가장 절실한 위로와 확신이 아니던가.

친절한 AS

본문에 등장한
무용가와 작품들

로이드 뉴슨 Loyd Newson (1957-)

호주에서 심리학을 전공한 뒤 무용수로 전향했다. 현재 컨템포러리 댄스를 대표하는 안무가. 1986년 당시, 그가 접한 현대 무용의 의미의 가벼움에 반대하며 사회 정치적 이슈에 관심과 생각을 소통하기 위하여 DV8 Physical Theatre를 설립했다. 그가 사용한 피지컬 시어터의 개념은 '무엇인가를 말하기 위해 가장 적절한 방법과 수단'이라는 의미로 그는 연극, 춤, 영상, 텍스트 등 장르를 구분하지 않고 다양한 요소들을 사용한다. 전 세계적인 주목을 받으며 영향력을 지닌 인물로, 55개가 넘는 예술상을 수상한 바 있다.

DV8 피지컬 시어터 DV8 Physical Theatre

1986년 로이드 뉴슨이 만든 영국 기반의 무용단. DV8이라는 단체명은 Deviate(일탈시키다)의 발음과 같은데, 단체의 성향 역시 기존 춤의 어법을 벗어난다. 피나 바우쉬를 비롯한 유럽 무용의 영향을 받았으며, 추상적인 아름다움을 추구하는 무용이 아니라 현실 세계의 사회 문화적 이슈들을 춤의 주제로 다룬다. 무용수들이 작품 제작에 적극 참여하여 개인적 경험이나 생각을 반영하는 것으로 알려져 있다. 동성애, 호모포비아, 스테레오 타입, 장애와 차별, 문화 상대주의의 양면성 등 중요한 이슈를 춤으로 제작해왔다.

매튜 본 Mathew Bourne (1960-)

예술성과 대중성을 모두 지녔다는 평을 받는 영국 출신의 안무가. 런던 북부 출신으로 어린 시절부터 영화와 뮤지컬에 열광하였다. 고등학교 졸업 후 서점, 극장, BBC 기록보관소 등에서 일하며 스토리텔링에 매료되었으며 스물두 살이 되어서야 현대 무용교육기관인 라반센터에 입학하여 처음으로 무용을 배웠다. 뛰어난 이야기꾼으로서의 재능과 움직임에 대한 신선한 접근 방식으로 1987년에 자신의 무용단을 설립했고, 이해하기 쉽고 흥미로운 주제와 재치 있는 안무로 전 세계적인 인기를 끌고 있다. 특히 〈호두까기 인형〉, 〈백조의 호수〉, 〈라 실피드〉 등 고전 레퍼토리를 매우 감각적이고 현대적인 감성으로 재해석하여 '무용계의 지형을 완전히 바꾸어놓았다'는 평가를 받았다.

피에리나 레냐니 Pierina Legnani (1863 – 1930)

이탈리아 밀라노 출신의 발레리나로 19세기 말 러시아마린스키극장의 간판스타로 활동했다. 런던의 한 발레단에서 활동하다 스칼라오페라하우스를 거쳐 1893년에는 러시아로 건너가 마린스키극장의 주역으로 8년간 활동하게 된다. 뛰어난 테크닉과 정교한 표현력으로 프티파의 〈신데렐라〉(1893), 〈백조의 호수〉(1895), 〈레이몬다〉(1898)의 주역을 도맡았다. 무엇보다 멈추지 않고 32바퀴의 푸에테 회전을 성공한 것으로 유명한데, 처음 선보인 것은 〈알라딘Aladdin〉(1892)이라는 작품에서다. 특히, 〈백조의 호수〉에서 오딜의 32회 회전이 강한 인상을 남겨 오늘날까지 전해지며, 그녀의 테크닉은 이후 발레 무용수들의 교본이 되었다.

수잔 패럴 Suzanne Farrell (1945 -)

아메리칸발레학교에서 수학하였으며 타고난 체격 조건과 탁월한 음악적 감수성으로 16세의 나이에 뉴욕시티발레단에서 데뷔했다. 서정적인 음악성과 위험을 무릅쓰는 고난도의 테크닉으로 '발란신의 뮤즈'로 불리며 세계적인 인기를 끌었다. 발란신은 그녀를 자신의 스트라디바리우스라고 불렀다고 전해진다. 스무 살에 뉴욕시티발레단의 주역으로 승격한 이후 발란신의 주요 레퍼토리를 섭렵하는 한편, 네오클래식 발레의 대표작들을 초연했다. 스물네 살에 동료 무용수와의 결혼으로 인해 소유욕 많은 발란신과의 관계가 끊기게 되고, 이듬해 모리스 베자르가 이끄는 20세기발레단으로 옮겨 활약하였다. 1989년 은퇴하기 전까지 세계적인 발레리나로 활동했다.

아메리칸발레시어터 American Ballet Theater(ABT)

미국 역사상 두 번째로 설립된 발레단으로 영국의 로열발레단, 프랑스의 파리오페라발레단과 더불어 서구의 대표적인 발레단이다. 1940년 발레시어터라는 이름으로 설립되었으며, 1957년 아메리칸발레시어터로 개명했다. 발레 유산을 보존하고 새로운 레퍼토리를 개발하기 위해 설립되었으며, 당시에는 소련의 드라마틱하고 서사적인 발레와는 달리, 미하일 포킨이나 앤소니 튜더의 세련되고 모던한 작품을 주로 공연했다. 당대 최고의 발레 안무가와 혁신적인 안무가들의 레퍼토리를 올리는 한편, 1972년에는 발레단 산하의 발레학교를 세워 오늘날까지 세계 최고 수준의 발레 무용수들을 양성하고 있다.

미스티 코플랜드 Misty Copeland (1982 -)

아메리칸발레시어터에서 창단 75년 만에 최초로 흑인 여성으로서 수석 무용수가 된 발레리나. 경제적으로 어려웠던 유년기, 발레리나로서는 늦은 입문, 유색 인종이라는 유리천장을 뚫고 자신의 꿈을 이루어 최근 미국에서 유명 스타가 되었다. 당당하고 독립적인 예술가로서 롤모델을 제시하며 타임지 선정 '2015년 영향력 있는 100인 리스트'에 예술가가 아닌 개척자로 이름을 올렸다.

조지 발란신 George Balanchine, 러시아명 Georigi Balanchivadze (1904 – 1983)

러시아 출신이나 미국 발레의 부흥에 기여하여 20세기 미국 클래식 발레

의 가장 중요한 인물로 꼽힌다. 아메리칸발레학교를 세우고, 아메리칸발
레단, 발레협회(후에 뉴욕시티발레단)을 설립하였다. 열 살 때 러시아의
페트로그래드발레스쿨에서 수학하여 키로프발레단에 입단하였다. 독일
여행 중에 디아길레프가 이끌던 발레뤼스Ballets Russes에 합류하여, 자신
의 음악적 파트너인 스트라빈스키와 조우하였다. 디아길레프의 사망 이
후 유럽에서 활동하다가 1933년 미국으로 초대되어 아메리칸발레학교를
설립하고, 네오클래식 발레라는 새로운 스타일을 구축한다. 그는 5세부
터 피아노를 시작해 음악에 조예가 깊었고, 안무에 있어 음악적 요소의
이해가 핵심이었다. 그의 음악적 선택은 바흐부터 현대 음악가에 이르기
까지 매우 광범위하였고, 움직임이 모든 악보를 춤추는 것처럼 다이내믹
하고 감각적이다. 발레리나의 조각 같은 아름다움을 선호하여 무용수들
의 신체적 요건을 강조하였으며, 네 명의 발레리나와 결혼했다.

뉴욕시티발레단 New York City Ballet (NYCB)

역사적인 발레 레퍼토리와 뛰어난 교육 체계를 지닌 세계적 명성의 발레
단. 1948년 뉴욕에서 조지 발란신과 링컨 컬스타인에 의해 설립되었다.
발란신의 세련되고 음악성 높은 레퍼토리를 기반으로, 1950년대부터 국
제적인 명성을 쌓았다. 발란신은 러시아의 엄격한 테크닉을 기반으로 모
던한 미국식 감성과 음악성을 절묘하게 조화시켜 네오클래식 발레를 선
보였다. 1964년 링컨센터의 뉴욕스테이트극장에 입주하였으며 발란신의
요구에 맞춘 3천 석의 객석을 갖춘 무대를 사용하고 있다.

아서 미첼 Arthur Mitchell (1934-)

뉴욕 출신의 흑인 무용가 겸 안무가. 아메리칸발레학교에서 수학하고 뉴
욕시티발레단에 입단하였다. 뛰어난 실력으로 미국 발레사에서 최초로
주역의 자리에 오른 흑인 남자 무용수였다. 발란신의 대표작에 출연하며

15년간 뉴욕시티발레단에서 활동했으나, 1968년 마틴 루터 킹의 사망 이후 발레계에서 흑인 무용수들의 권리와 지위를 위해 싸워야겠다는 각성을 하게 된다. 1969년, 흑인 발레단인 댄스시어터 오브 할렘을 설립했다.

댄스시어터 오브 할렘 Dance Theater of Harlem
흑인 무용수를 주축으로 하는 최초의 메이저 발레단. 아서 미첼은 1960~70년대 뉴욕시티발레단의 주역이었으나 흑인 무용수에 대한 차별을 없애고 인재들을 키우기 위해 1969년 할렘발레학교를 설립하였다. 2년 뒤에는 무용단을 설립하여 흑인 무용수들이 주축이 된 특유의 매력과 에너지로 많은 사랑을 받았다. 20세기의 유명한 레퍼토리 이외에도 흑인의 춤 문화를 반영한 작업들을 시도하고 있다.

앨빈 에일리 Alvin Ailey (1931 – 1989)
미국 출신의 대표적인 흑인 현대 무용가이자 교육자. 로스앤젤레스 호손의 무용단에서 춤을 공부하기 시작해, 1958년 뉴욕에서 자신의 이름을 딴 무용단을 설립했다. 초창기 작품들은 흑인의 문화유산을 바탕으로 강렬한 블루스 음악에 정제된 고통과 분노를 담아 주목을 끌었다. 현대 무용, 재즈, 발레, 그리고 흑인 춤 문화와 강렬한 감정을 잘 융합하여 매우 드라마틱하고 대중적으로 인기 있는 춤 스타일을 구축했다.

파리오페라발레단 Paris Opera Ballet
1661년 루이 14세에 의해 세워진 프랑스의 발레 단체로, 당시에는 궁정 여흥이었던 발레의 교습을 증진시키기 위해 설립되었으나 후에 이름을 바꾸고 공연 단체로 성격이 바뀌었다. 초기에는 남성 무용수만 허용되었으나, 1681년에 최초의 프로페셔널 여성 무용수가 무대에 데뷔한다. 1713년에는 발레학교를 설립하여 전문적이고 예술적인 교육을 통한 발레 인재를 육성하기 시작했다. 가장 오래된 발레단 중 하나로 〈라 실피드〉, 〈지젤〉을 비롯, 발레사의 주요 인물들과 작품이 이 발레단을 통해서 배출되었다. 오늘날 역사적인 레퍼토리부터 가장 혁신적인 안무가들의 작업까지 세계적 명성에 걸맞는 수준 높고 폭넓은 레퍼토리를 선보이고 있다.

제롬 벨 Jerome Bel (1964-)

프랑스 출신으로 대표적인 컨템포러리 댄스 안무가다. 19세에 피나 바우쉬의 작품을 보고 영감을 받아 무용에 입문했다. 2년간 안무학교에서 수학하였으며, 이후 여러 안무가들의 작품에서 무용수로 활동하다 안무가로 전향하였다. 특히 '농당스 Non-Danse'라 불리는 작품 스타일로 유명한데, 춤이나 움직임을 중심에 두는 기존의 안무와 달리 연기, 대사, 조형미술 등 다른 극장적 요소와 통합하거나 대체하는 방식이다. 그의 실험적인 접근 방식과 사회 문화적 소재의 사용은 다른 예술가들에게도 많은 영향을 주고 있다.

2장: 춤 작품 속 이야기

라 실피드 La Sylphide

1832년, 필립보 탈리오니의 안무로 파리오페라극장에서 초연된 낭만 발레의 대표작이다. 스코틀랜드 농가를 배경으로 공기의 요정인 실피드가 결혼을 앞둔 제임스에게 나타나 벌어지는 이야기다. 초현실적인 여성 캐릭터, 시적이고 감성적인 분위기, 탈리오니의 요정 같은 움직임의 해석 등으로 낭만 발레의 대유행을 견인했다.

마리 탈리오니 Marie Taglioni (1804 – 1884)

아버지와 오빠가 모두 무용가인 가정에서 성장했으며 〈라 실피드〉의 초연에서 주역을 맡아 전설적인 발레리나가 되었다. 초현실적인 우아함과 연약하지만 기품 있는 자태, 발끝으로 춤추는 섬세한 표현력으로 10년 넘게 파리오페라발레단의 스타로 군림하였다. 자신과는 상반된 매력을 지닌 파니 엘슬러라는 발레리나와 라이벌로 불리며 파리오페라발레단의 인기를 견인했다. 다양한 여성 제품의 광고모델로도 활약하며 유럽 전역에서 인기와 부를 누렸으나, 개인적 삶은 평탄하지 못했다. 43세의 나이로 은퇴하지만 아버지의 자산 관리의 실패로 인해 무대에 돌아오게 된다. 다시 전쟁 중에 전 재산을 다 잃고 말년에는 아들과 함께 살면서 볼룸 댄스를 가르치며 생계를 유지했다고 전해진다.

지젤 Giselle

1841년 파리오페라발레에서 초연된 장 코랄리와 쥘 페로가 안무한 2막의 대표적인 낭만 발레. 카를로타 그리지가 지젤 역을, 마리우스 프티파의 형인 루시앙 프티파가 알브레히트 역을 맡았다. 파리 초연 이후 엄청난 인기를 끌며 비엔나, 베를린, 밀라노 등에서 공연되었다. 초연 버전은 1868년까지 전해졌으나, 대부분의 중요한 장면은 1884년에 마리우스 프티파가 재안무한 것이 전해진다.

카를로타 그리지 Carlotta Grisi(1819 - 1899)

낭만 발레의 대표작 〈지젤〉을 초연한 발레리나. 이탈리아 출신으로 당시 강력한 테크닉 교육으로 유명했던 밀라노의 라 스칼라 발레학교에서 수학했다. 14세에 쥘 페로라는 걸출한 안무가를 만나, 그의 제자이자 연인이 된다. 1836년부터 마담 페로라는 이름을 사용했으나, 두 사람이 결혼한 적은 없다. 이후 파리, 비엔나 등에서 공연하며 커리어를 쌓다가 페로와 코랄리가 안무한 〈지젤〉의 주역을 맡아 발레사에 이름을 남긴다. 그녀를 흠모한 평론가 테오필 고티에는 그리지를 위해 〈지젤〉과 〈라 페리〉라는 발레의 대본을 썼으며, '그녀는 자연과 진솔함의 인격화 그 자체다'라고 평했다.

마리우스 프티파 Marius Petipa (1818 – 1910)

프랑스 출신으로 러시아의 발레를 오늘날의 형태로 정립시킨 클래식 발레의 가장 중요한 인물. 무용가인 아버지의 영향으로 형, 아내 모두 무용가 가족이다. 20대에는 유럽의 극장에서 무용수로 활약했으나 1840년대 러시아에서 안무가로 활약하며 그의 전설적 활약이 시작된다. 〈백조의 호수〉, 〈잠자는 숲속의 미녀〉 등 19세기 발레의 대표작들을 안무하며 클래식 발레의 안무 기법을 완성시켰으며, 러시아를 발레의 중심지로 만들었다. 그는 프랑스의 뛰어난 감각과 이탈리아의 강력한 테크닉, 제정 러시아의 웅장하고 귀족적인 성향을 잘 결합하였다.

리카르도 드리고 Ricardo Drigo (1846 – 1930)

이탈리아 출신의 작곡가이자 지휘자. 프티파와 함께 활동하며 마린스키 극장의 대표 발레들의 지휘를 맡았다. 〈잠자는 숲속의 미녀〉와 〈호두까기 인형〉의 초연을 지휘했으며, 차이코프스키 사후에는 〈백조의 호수〉를 재편성하였다. 〈진주〉(1896), 〈탈리스만〉(1889) 등 프티파의 몇몇 발레를 작곡하였으며, 러시아 혁명 이후 귀국하였다.

아그리피나 바가노바 Agrippina Vaganova (1879 – 1951)

소비에트 연방의 발레감독이자 발레교사. 마린스키의 황실발레학교를 졸업했고 뛰어난 도약과 발 동작으로 '바리에이션의 여왕'이라는 평을 받을 정도로 뛰어난 테크닉을 가졌다. 다만, 안나 파블로바 같은 쟁쟁한 경쟁자에 밀려 빛을 보지 못하고 무용수로서의 꿈을 접었다. 처음에는 개인 학원에서 발레를 가르쳤으나 뛰어난 분석적인 능력과 과학적인 교육 방법의 개발로 무용수들을 지도하여 '바가노바 메소드'라는 섬세하고 정확한 발레 교육법을 확립했다. 프랑스의 우아한 표현력과 이탈리아의 강한 테크닉, 러시아의 민족적인 성격을 잘 부합시켰다고 평가받는다. 1931년에서 1937년까지 키로프발레의 예술감독으로 활동했다. 현재 마린스키발레단 산하의 발레학교는 그녀의 이름을 딴 바가노바 발레아카데미다.

호두까기 인형 Nutcracker

호프만의 원작에 프티파의 대본 및 안무, 차이코프스키의 음악으로 1892년 12월 18일 마린스키극장에서 초연된 발레. 원래 프티파의 안무로 작업될 예정이었으나 건강이 너무 나빠지는 바람에 조수였던 레브 이바노프가 주요한 부분을 거의 안무했다고 전해진다. 현대로 오면서 크리스마스 시즌과 결합하여 가장 많이 무대에 올려지는 발레로 꼽히며, 수많은 안무가들의 개작을 통해 원래의 안무는 2막의 그랑 파드되 외에는 거의 남아 있지 않다고 한다. 대표적으로 1944년 샌프란시스코발레단이 무대에 올렸으며, 1954년 발란신의 안무 버전도 매우 유명하다.

마린스키발레단 Mariinsky Ballet (혹은 키로프발레단 Kirov Ballet)

1740년대 러시아 상트페테르부르크에서 황실에 의해 창단된 발레단으로 당시 어린 무용수들을 교육시켜 발레를 발전시키고자 하는 목적으로 설립되었다. 설립 당시 남녀 학생 각각 12명으로 시작했으나 세계적 명성을 쌓으면서 현재는 200명 이상의 무용수가 활동하고 있다. 설립 당시 황제 알렉산드로 2세의 왕비의 이름을 따라 마린스키발레단으로 명명되었으나 혁명 이후 공산주의 지도자 키로프의 이름으로 개명되었다가 마린스키로 다시 바뀌었다.

볼쇼이발레단 Bolshoi Ballet

1780년 러시아 모스크바에 설립된 발레단으로 '큰 발레단'이라는 의미를 지닌다. 마린스키와 함께 러시아 발레의 양대산맥을 이루며 세계적인 발레단으로 성장했으며 〈로미오와 줄리엣〉, 〈스파르타쿠스〉 등 민족적인 성격이 강한 작품을 선보였다.

마크 모리스 Mark Morris (1956 -)

미국을 대표하는 현대 무용가. 미국 시애틀 출신으로 어린 시절 플라멩코와 발칸 댄스 등 민속춤을 배웠다. 20세에 발레를 배우기 시작했고 많은 무용가들과 작업하다가 1980년 자신의 이름을 딴 무용단을 설립했다. 뉴욕 브룩클린에 자리잡은 그의 무용단은 오늘날 대표적인 컨템포러리 무용단으로 꼽힌다. 탁월한 음악적 해석력 덕분에 32세에 거장 모리스 베자르의 뒤를 이어 브뤼셀국립오페라극장의 상주 단체가 되어 대표작들을 안무했다. 바로크음악에서 현대음악까지 다양한 음악적 선택을 보이며 고전작품의 재해석이나 오페라의 안무에도 탁월한 능력을 보인다.

하드넛 The Hard Nut

1991년 마크 모리스가 초연한 〈호두까기 인형〉의 재해석 작품이다. 만화가인 찰스 번의 작업에 영감을 받아 어린 소녀의 동화적 이야기를 어둡고 만화적이며 다크 유머가 가득한 작업으로 재해석했다. 1960년대를 배경으로 하여 디스코 스타일의 크리스마스 파티가 열리며 차이코프스키의 음악을 현대적 감각으로 해석하고 있다.

로미오와 줄리엣 Romeo & Juilet

1938년 세르게이 프로코피예프의 3막 음악을 기반으로 한 발레로, 20세기의 가장 중요한 작품중 하나. 안무가 레오니드 라브로프스키는 탄탄한 소련 발레의 테크닉적 기반하에 마임과 검술을 포함한 다양한 움직임, 강렬한 드라마로 서구 발레와의 차별성을 강조했다. 이후에 많은 안무가들이 자신의 버전을 시도했으며, 존 그랑코의 안무(1958년)와 케네스 맥밀런의 버전(1965년)이 유명하다.

3장: 현대춤, 혹은 컨템포러리 댄스 이해하기

이사도라 던컨 Isadora Duncan (1877 – 1927)

미국 샌프란시스코 출신으로 현대 무용의 선구자로 손꼽힌다. 엄밀히는 현대 무용이 등장하기 전 발레와는 다른 자유로운 형태의 프리 댄스Free Dance라 보는 것이 적절하다. 몇 번의 발레 수업을 받았으나 발레의 규칙성이 인공적이고 강압적이라는 생각으로 발레 움직임을 거부한다. 파도나 나무 등에 영감을 얻은 자연의 움직임이나 고대 그리스의 조각상이나 니체의 글에서 영감받은 움직임을 만들었다. 인간의 고귀한 감정이나 자연의 리듬감을 강조했고, 당시에는 무용 음악으로 사용하지 않았던 베토벤, 쇼팽, 멘델스존, 슈베르트의 음악을 사용했다. 1927년 니스에서 긴 스카프가 자동차 바퀴에 끼어 사망했다.

마사 그라함 Martha Graham (1894 – 1991)

20세기 미국 현대 무용의 가장 대표적인 무용가. 그라함의 테크닉과 양식은 전 세계적으로 엄청난 영향을 끼쳤다. 스물두 살이라는 비교적 늦은 나이에 무용을 시작했으나 곧 두각을 나타내어 1927년 자신의 이름을 딴 무용단을 세웠다. 춤 스타일은 발레와 거의 반대되는 방식으로 강렬하고 다이내믹한 움직임과 각진 형태를 강조하는 한편, 인간 본성을 드

러내는 어둡고 심리적인 이야기를 작품의 주제로 삼았다. '수축과 이완
(Contraction and Release)'이라는 대표적인 움직임 테크닉은 허리와 골
반에서 움직임을 만들어내는 특유의 방법으로, 드라마틱한 감정적 묘사
와 표현력을 지닌다.

도리스 험프리 Doris Humphrey (1895 – 1958)

미국 현대 무용의 대표 안무가. 그라함과 같은 세대이나 구분되는 철학과
작품 세계를 선보이며 현대 무용을 지적이고 체계적인 작업으로 끌어올
렸다. 춤이 볼거리나 현란한 재능의 과시가 아니라 인간 내면의 감정이나
신체적 상황을 표현하는 것이며 숨겨진 감정을 표출하는 것이라 주장했
다. 그라함의 테크닉이 '수축과 이완'이라는 반대의 요소를 기반하고 있다
면, 험프리는 '낙하와 회복(Fall and Recovery)'을 움직임의 기본으로 삼
았다. 그녀는 몸이 중심을 잃고 쓰러질 때와 중력의 힘으로 회복할 때 드
라마틱한 운동지각적 흥분이 발생한다고 보았다. 장수한 그라함에 비해
활동 시기는 짧지만, 여전히 그녀의 정교하게 안무된 레퍼토리들은 학교
와 무용단에서 공연되고 있다.

호세 리몽 José Limón (1908 – 1972)

멕시코 태생의 미국 안무가이자 무용가. 원래의 꿈은 화가가 되는 것이었
으나 도리스 험프리와 그녀의 남편 찰스 와이즈만의 영향으로 무용가가
되었다. 험프리의 작업도 계승하였으나, 그 체계 위에 강력하고 긴장감 있
는 성향을 덧붙였다. 무용수들에게 자연스러운 움직임을 강조했으며, 인
간의 존엄성이나 평등함 등 민주주의의 기본 가치를 중시하는 춤을 주장
했다. 미국 원주민 인디언 전사들을 기리는 작품이나 예수를 배신한 유
다를 그린 작품, 유럽 공산주의 아래의 믿음에 대한 작업 등 사회적이고
윤리적인 이슈를 다룬 작품이 많다.

피나 바우쉬 Pina Bausch (1940 – 2009)

독일의 대표적인 현대 무용가로 부퍼탈 탄츠테아터의 감독으로 세계 무용계에 영향을 준 안무가. 전후 독일의 작은 도시에서 여관과 카페를 운영하는 가정에서 성장하면서 슬픔과 분노, 이별 등 각각의 사연을 지닌 사람들을 관찰하며 유년기를 보냈다. 음악, 연극, 영상, 미술 등 여러 장르의 기법과 방식을 사용하며, 인간의 철학적 질문이나 근원적 감정을 소재로 작품을 만들었다. 20명 남짓한 작은 무용단이지만, 16개국 이상의 다양한 백그라운드를 지닌 무용수들을 선발하며 질문과 대화를 통해 무용수들의 이야기를 작품에 녹여내는 것으로 유명하다.

포스트모던 댄스 Post-Modern Dance

1960년대 초부터 등장한 움직임으로 발레와 현대 무용이 볼거리와 테크닉, 멋진 외양에 집중하는 것을 비판했다. 이들은 모든 일상적인 움직임이 춤이 된다고 보았으며 누구나 무용수가 될 수 있다고 생각했다. 대표적인 인물로 이본느 레이너Yvonne Rainer, 루신다 차일즈Lucinda Childs, 트리샤 브라운Trisha Brown, 스티브 팩스톤Steve Paxton 등이 있다.

아크람 칸 Akram Khan (1974 -)

영국 출신의 컨템포러리 댄스의 대표주자로 방글라데시계 가정에서 태어났다. 일곱 살 때부터 남아시아의 전통 무용인 카탁을 배우기 시작했고, 후에 대학에서 컨템포러리 댄스를 공부했다. 2000년에 자신의 이름을 딴 무용단을 설립했으며 카탁과 현대 무용을 결합한 독자적인 춤 스타일로 세계적인 명성을 쌓았다. 연기, 춤, 대사, 영상, 시각 효과 등 다양한 장르와의 융합을 실험하는 안무가로 2005년에는 대영제국 국민훈장을 수여했다.

빌 티 존스 Bill T. Jones (1951 -)

미국의 현대 무용가. 흑인 남성으로서 아니 제인(Arnie Zane)과 함께 1982년 무용단을 설립했다. 동성애, 후천성면역결핍증 같은 사회 문제를 주제로 한 작품으로 주목을 받았다. 뛰어난 안무 능력으로 100개 이상의 작품을 안무했으며, 자신의 무용단뿐 아니라 앨빈 에일리 무용단이나 보스톤발레단 등을 위해 안무하였다.

필로볼러스 Pilobolus Dance Theater

1971년, 세 명의 대학동기인 무용수들에 의해 설립된 미국의 현대 무용단으로 곰팡이의 이름에서 무용단 이름을 가져왔다. 체조처럼 아크로바틱하면서 판토마임과 현대 무용을 잘 배합한 움직임으로, 실험적이면서도 동시에 대중적인 취향에 잘 맞는 작업을 해오고 있다.

필립 드쿠플레 Philippe Decouflée (1961 -)

프랑스 출신의 무용가이자 안무가이며 감독. 1983년 데세아 무용단DCA Company을 설립하여 활동하고 있다. 마임, 체조, 서커스 등의 움직임을 활용하는 한편, 시각적인 효과, 영상 이미지, 조명 효과, 거울, 기계 장치, 의상 등을 이용하여 초현실적인 무대를 선보인다. 1992년, 알베르빌 동계올림픽의 개회식과 폐회식을 연출하여 세계적 주목을 받았으며 〈태양의 서커스〉 작업을 안무하기도 했다.

실비 귀렘 Sylvie Guillem (1965 -)

프랑스 발레리나로 어린 시절 체조를 배웠으나 열두 살에 파리오페라발레스쿨에 입학했다. 타고난 체격 조건과 완벽한 테크닉을 보이며 1981년 파리오페라발레단에 정식으로 입단했다. 당시 단장이었던 루돌프 누레예프의 천재 댄서로서 발레단의 신작에 기용되며 세계적으로 주목받는 무용수가 되었다. 1989년 누레예프와의 불화로 런던의 로열발레단으로 옮긴 뒤, 대표적인 클래식 레퍼토리를 소화하며 전 세계적인 사랑을 받았다. 30대 이후부터는 젊고 혁신적인 안무가들과 함께 작업하며 컨템포러리 댄스에 활발히 출연했다.

러셀 말리펀트 Russell Malipant (1961 -   )

영국의 안무가로 로열발레학교에서 수학했으나, DV8의 작업에 출연하는 등 독립적인 무용수로 활동했다. 해부학, 생리학, 생물역학 등을 공부하였으며, 조명 디자이너인 마이클 헐스와 공동으로 작업하며 20개가 넘는 작품을 안무했다. 2003년에 실비 귀렘과의 작업을 통해 평론가들이 주는 최고안무상을 수상하였고 2005년에는 귀렘의 솔로작품 〈밀다(push)〉를 안무했다. 세계적인 무용단을 위해 안무 작업을 병행하면서 자신의 무용단도 운영하고 있다.

머스 커닝햄 Merce Cunningham (1919 - 2009)

미국의 대표적인 현대 무용가로 포스트모더니즘을 춤에 적용하였다. 스무 살부터 마사 그라함의 무용단에서 활동했고, 1953년에 자신의 무용단을 설립했다. 춤의 감성적인 느낌과 의미를 절제하고 관객의 감상의 자율성을 중시하였으며, 신체와 함께 순수한 움직임에 집중했다. 초기에는 동전이나 주사위를 던져 움직임을 결정하는 우연의 방식을 안무 방식으로 쓰거나, 관습적인 무대의 분할을 거부하는 기존의 안무 방식에 도전하는 실험을 했다. 현대음악가 존 케이지와 함께 춤과 음악을 분리하는 실험을 했으며, 백남준의 비디오작품과 TV프로젝트 공동작업을 했다.

마크 모리스의 디도와 아이네아스 Dido and Aeneas

17세기 영국의 헨리 퍼셀의 동명 오페라에 맞추어 19889년 마크 모리스가 안무한 작품. 오페라 가수가 오케스트라 석에서 노래를 부르는 동안, 무대 위에서 무용수들의 춤이 동시에 진행된다. 트로이의 왕자 아에네아스가 트로이 함락 후 배가 난파되어 카르타고에 당도하자, 카르타고의 여왕인 디도는 그와 사랑에 빠진다. 그러나 마녀는 음모를 꾸며 아이네이아스를 출정하게 하고, 디도는 연인을 떠나보내고 상심하여 죽는다. 이 작품에서 마크 모리스는 그의 남성적이고 거대한 체격으로 여왕 디도와 마녀라는 상반된 캐릭터를 동시에 춤추었다. 다른 캐릭터들도 두 개 이상의 역할을 연기했는데, 의상이나 무대의 차이를 거의 두지 않고 움직임의 특징만으로 상반되는 캐릭터를 구현했다.

4장: 춤, 우리 사회를 비추는 지형도

브로니슬라바 니진스카 Bronislava Nijinska (1891 – 1972)

러시아 출신의 안무가이자 발레마스터. 폴란드 출신의 무용가 부부의 딸로, 전설적인 무용가 바슬라브 니진스키의 여동생이기도 하다. 러시아황실발레학교에서 수학했으며 오빠를 따라 디아길레프 발레뤼스의 무용수로 활동했다. 1921년에 러시아를 떠난 뒤 안무에 탁월한 능력을 보여 여성 발레 안무자로서 새로운 관점을 드러내며 뛰어난 작업들을 남겼다. 대표작 〈결혼〉은 스트라빈스키가 곡과 텍스트를 쓴 작품으로, 1923년에 초연되었다. 러시아의 전통 혼례식을 그린 4장의 작품으로 소비에트 러시아에서 프롤레타리아의 삶을 다루고 있다. 클래식 발레와는 다른 어법으로 20세기의 주요 발레작품으로 꼽히며 여전히 많은 발레단에서 공연되고 있다.

젤시 커크랜드 Gelsey Kirkland (1952 -)

뉴욕시티발레단의 주역으로 '발란신의 종달새'라 불릴 정도로 그의 대표
작에 많이 출연한 발레리나. 뛰어난 재능으로 10대 시절 발레단에 합류
에 스무 살에는 주역으로 승격되었다. 발레단의 간판스타였으나 드라마
틱한 발레를 하고 싶은 열망으로 후에 발레단을 떠나 아메리칸발레시어
터로 소속을 옮겼다.

마크 모리스의 베헤모스 Behemoth

마크 모리스가 1900년 브뤼셀에서 발표한 1막의 작품으로, 베헤모스는
성서에 나오는 '육지에 사는 마수'를 의미한다. 이 작품은 음악적 해석력
이 뛰어난 모리스가 아무런 음악이나 반주 없이 침묵 속에 안무한 작품
으로, 감성적이면서도 제의적인 움직임 패턴이 혼합되어 있다. '마크 모리
스의 작품 중 가장 차갑고 어두운 작품'이라는 조안 아코첼라의 평을 받
았다.

데피유 드 발레 Défilé du Ballet

행진, 스펙터클한 퍼레이드의 의미로 오페라하우스의 시즌 시작이나 끝
에 발레단 전체가 무대 위에 올려져 관객들에게 선보이는 것을 의미한다.
가장 어린 무용수부터 시작해 주역까지 발레단의 위계 구조에 따라 차
례로 선보인다.

당신만의 춤을 출 수 있다면

춤에 대한 양가적인 시선은 여전히 존재한다. 누구나 할 수 있고 어디에나 존재하며 쉽게 우리를 흥겹게 하지만, 별 의미심장한 것은 아니라는 것. 그 반대에는 춤은 꽤 복잡한 양식이 있고 이해하기 어렵다는 벽이 존재한다. 첫 번째가 춤의 의미나 가치가 인정받는 데 방해물이었다면, 두 번째는 춤 예술에 대한 관객의 접근을 막는다. 이 책은 두 개의 마주 보는 벽의 거리를 조금이라도 좁히기 위한 시도다. 일상적인 춤에도 의미가 있고 예술적 춤 형태 역시 도전해볼 만하다는.

최근 몇 년 사이 문화 예술 관람 활동에 대한 조사를 찾아보았다. 관객의 관람 비율이 영화 57.9%인 반면, 무용은 3.1%에 불과하다. 관객의 선호도는 무용 1.1% (음악 30.3%, 뮤지컬 20.9%, 미술 13.9%). 한 대형 티켓판매 사이트의 무용 비율은

1.6%에 불과하다. 왜 사람들은 춤을 좋아하지 않을까? 1.1%의 무용 관객 중에 무용 책을 읽는 사람을 과연 얼마나 될까?

그럼에도 불구하고 이 책을 통해 나는 즐겁고 용감하게, 어서 가서 춤을 보라고, 또 당신의 춤을 춰보라고 부추기고 싶다. 춤은 공기 위에 쓰여지는 동시에 사라진다. 박제의 불가능성, 비언어의 모호성, 찰나의 에너지, 사라지는 아름다움. 이것들이 춤의 약점처럼 얘기되었지만, 실은 동시에 춤이 가진 장점이기도 하다.

예술이 주는 것은 명쾌하고 멋진 메시지와 달콤한 감성적 위로만은 아니다. 예술은 우리에게 고통스럽게 삶의 양면성을 확인하게 하고, 피할 수 없는 실패 사이에서도 숨을 고르는 방법과 어차피 사라지게 될 꿈이라 할지라도 계속 꾸도록 유도한다. 이는 성공 지향의 무서운 세계에서 당신의 맷집과 면역을 조용히 증강시킨다.

이 책이 나오기까지 감사한 분들이 많다. 늘 든든한 지지자인 전미숙 교수님, 춤에 대한 열정을 나눠주시는 문영 교수님, 나의 치어리더 친구 이진이, 사랑하는 양재희, 그리고 늘 놀라운 질문과 위태로운 핸드폰 중독으로 나를 긴장케 하는 학생들, 마지막으로 멋진 작업들로 나를 유혹하는 무용가들과 흔쾌히 귀한 작품사진을 공유해준 예술가들에게 감사의 마음을 전한다.

우리는 자유로워지기 위해 춤춘다

2017년 8월 10일 초판 1쇄 발행

지은이 • 제환정
펴낸이 • 이동은

편집 • 박현주

펴낸곳 • 버튼북스
출판등록 • 2015년 5월 28일(제2015-000040호)

주소 • 서울시 동작구 현충로 151, 109-201
전화 • 02-6052-2144 팩스 • 02-6082-2144

© 제환정, 2017
ISBN 979-11-87320-13-5 03680

한국출판문화산업진흥원의 출판콘텐츠 창작자금을 지원받아 제작되었습니다.